Que devons-nous faire ?

Du même auteur

Voici votre roi, Cerf, 1981.
Saint Paul face à lui-même, Médiaspaul, 1984.
Itinéraire de prière, Médiaspaul, 1984.
Témoins de la parole, Cerf, 1986.
Peuple en marche pour une Église missionnaire, Médiaspaul, 1986.
La Femme de la réconciliation, Saint-Paul, 1987.
Sur les chemins du Seigneur, Desclée de Brouwer, 1987.
L'Église pour le monde, Saint-Paul, 1988.
David et le Christ, Culture et vérité, 1991.
Prêtres, quelques années après : Méditations sur le ministère presbytéral, Culture et vérité, 1991.
Je te cherche dès l'aube, Martini, Carlo M., Centurion, 1992.
Épreuve et persévérance, Cerf, 1993.
Vie de Moïse, Saint-Augustin, 1994.
Abraham notre père dans la foi, Saint-Augustin, 1994.
A l'écoute du cœur, Albin Michel, 1995.
Et Dieu se fit vulnérable, Cerf, 1995.
Samuel, Cerf, 1995.
Bible et vocation, Médiaspaul, 1995.
S'ouvrir à la Parole du Christ, maximes spirituelles, Foi Vivante, Fates, 1995.
Je jouerai pour Toi... Méditations sur la vie religieuse, Desclée de Brouwer, 1995.

Cardinal C. M. Martini
archevêque de Milan

Que devons-nous faire ?

Méditations pastorales sur l'Évangile de Matthieu

Traduit de l'italien par Hyacinthe Vulliez

DESCLÉE DE BROUWER

Avertissement de l'éditeur

Cet ouvrage a été réalisé à partir de retraites données par le cardinal Martini aux prêtres de l'archidiocèse de Milan.

Au cours de son propos, le cardinal se réfère souvent à ceux qui l'ont précédé sur le siège de Milan : saint Ambroise, le cardinal Ferrari qui marqua l'archidiocèse au début de ce siècle, et bien entendu Jean-Baptiste Montini, le futur Paul VI.

Pour l'édition française cependant, nous avons jugé utile d'enlever certaines de ces références par trop tributaires du contexte italien.

76 *bis*, rue des Saints-Pères, 75007 Paris
ISBN 2-220-03727-4

Introduction

L'axe central de l'Évangile de Matthieu proposé à notre méditation m'apparaît d'emblée être dans le « faire », l'« agir ». C'est la pratique en effet qui en résume le message comme nous le dit le dernier verset. Jésus donne alors ses consignes aux apôtres : « Enseignez à observer tout ce que je vous ai commandé » (28,20). Il insiste sur le « faire », et cette insistance est déjà au cœur des chapitres précédents. D'abord, le texte du « jugement dernier » qui est un examen des actions concrètes (25,31-46) : « J'ai eu faim, et vous m'avez donné à manger. J'ai eu soif et vous m'avez donné à boire. J'étais étranger et vous m'avez accueilli. » Les justes diront au Seigneur : mais quand donc l'avons-nous fait ? Et, lui, répondra : « Chaque fois que vous l'avez fait à l'un des plus petits de mes frères, c'est à moi que vous l'avez fait » (v. 40). « En vérité, je vous le dis, chaque fois que vous ne l'avez pas fait à l'un de ces plus petits, à moi non plus, vous ne l'avez pas fait » (v. 45). Elle est très claire, l'insistance sur le « faire ». Nous serons jugés sur nos actions, sur ce que nous aurons fait et sur ce que nous n'aurons pas fait.

Jésus dit encore : « Quiconque écoute mes paroles et les met en pratique [la version grecque dit simplement « et les fait »] est semblable à un sage qui a construit sur le roc. La pluie tombe, les torrents débordent, les vents se déchaînent, et la maison ne croule pas » (7,24). Le disciple est bien celui qui traduit la parole en acte.

Par contre, « celui qui écoute ces paroles que je viens de dire et ne les *"fait"* pas, poursuit Jésus, celui-là est semblable à un sot qui a construit sa maison sur le sable » (7,26). Le contexte dans lequel Jésus donne cet enseignement est celui du grand discours de Matthieu, le discours sur la montagne. Il anticipe précisément sur le « jugement final ». Celui qui « *fait* » est sage ; celui qui « *ne fait pas* » est sot.

Jésus brosse le portrait du vrai disciple au verset 21 : « Ce n'est pas celui qui me crie : Seigneur, Seigneur, qui entrera dans le royaume des cieux, mais celui qui fait la volonté de mon Père. »

Du reste, cette insistance de l'Évangile de Matthieu correspond à la mentalité typiquement juive. Dans la tradition rabbinique, c'est au « faire » que l'on mesure la personne ; c'est par le « faire » que l'on comprend son être.

Le titre des Exercices spirituels

En pointant sur l'Évangile de Matthieu, le titre des Exercices : *Que devons-nous faire ?* m'est apparu comme une évidence. Cette question nous vient d'ailleurs des Actes des Apôtres. Sitôt après le discours de Pierre à la foule, les gens de Jérusalem eurent le cœur transpercé et dirent à Pierre et aux apôtres : « Frères, que devons-nous faire ? » (Ac 2,37). Nous trouvons la même interrogation dans l'Évangile de Matthieu quand le jeune homme riche demande à Jésus : « Maître, que dois-je faire de bien pour obtenir la vie éternelle ? » (19,6).

J'ai choisi le pluriel car la question résume beaucoup de nos interrogations, tant spirituelles que pastorales. Que devons-nous faire pour avoir la paix, pour garder la persévérance et la sérénité dans les épreuves ? Que devons-nous faire dans la situation présente de l'Église, une situation de fin de siècle ?... Que devons-nous faire, face aux défis pastoraux de notre société ? Que devons-nous faire dans le désarroi culturel, social et politique de notre temps ?

Nous chercherons ensemble la réponse dans les pages de l'Évangile de Matthieu. Je vous invite à vous mettre tout de suite en prière en demandant au Seigneur qu'il suggère à chacun de nous ce que nous devons faire pour l'aimer et le servir, pour participer à la vie de l'Église, pour atteindre ce degré de bonheur, de joie et de paix intérieure qu'il accorde pour le ministère.

Seigneur Jésus, dis-moi ce que je dois faire pour faire connaître ton Nom, ta Parole, ta Vérité ; ce que je dois faire pour interpréter correctement les « signes des temps » ; ce que je dois faire pour être chrétien et prêtre ; ce que je dois faire pour me sauver, pour obtenir la vie éternelle ; ce que nous devons faire pour être Église des Apôtres, pour mettre en application les orientations synodales ; ce que nous devons faire pour vivre la fin de ce millénaire de manière à rendre gloire pour ta venue parmi nous.

Remarques de méthode

La première remarque est très importante. Notre réflexion sur l'Évangile de Matthieu est déjà une action, un engagement, une plongée courageuse dans la réalité.

Cette aventure, déjà commencée, nous entraîne à laisser derrière nous tout ce qui de bien ou de moins bien nous a accompagnés jusqu'ici : préoccupations, problèmes, ennuis, souvenirs, colères et désillusions. Laisser tout cela quelque peu derrière nous et entrer dans un vrai silence du cœur, pour faire heure après heure la volonté de Dieu, avec la certitude que tout ce que nous faisons ces jours-ci est le mieux que nous puissions faire pour nous, pour l'Église et pour les hommes. Il est nécessaire de préparer notre cœur si nous voulons faire mûrir la réponse à la question que les gens de Jérusalem adressaient aux Apôtres : « Frères, que devons-nous faire ? »

Plonger dans le silence, dans le recueillement, est particulièrement utile pour ce que nous allons faire au cours de nos méditations.

Ce parcours propose en effet à la fois une méditation biblique sur les grands discours de Matthieu, relus du point de vue du « faire », et une réflexion sur quelques-uns des aspects de « notre faire » de croyants et de pasteurs, en nous inspirant de notre redécouverte de l'Évangile.

1

L'agir du cœur

Matthieu 5 et 7

PRÉLIMINAIRES

Je voudrais d'abord rappeler un mot de saint Augustin dans l'un de ses « Sermons sur les pasteurs » :

« Toute notre espérance est dans le Christ, dit-il. C'est Lui notre salut, notre véritable gloire » (46,1-2).

Oui, Seigneur, notre espérance est en Toi. Tu es salut. Tu es notre salut, notre gloire. Le salut de ma vie ! Ma réussite d'homme, de chrétien, de prêtre, d'évêque. Tu es le salut et la gloire de notre communauté. C'est seulement en mettant notre confiance en Toi, Toi notre salut et notre véritable gloire, que nous osons prendre le chemin de ces Exercices. Et aussi par l'intercession de Marie, et de tous nos saints et amis du ciel.

Saint Augustin poursuit par des paroles exigeantes : « Quant à nous, écrit-il, nous avons reçu du Seigneur cette fonction dont il nous faut rendre compte, et quel compte ! Car nous l'avons reçue non à cause de nos mérites, mais grâce à sa bonté. Nous devons distinguer deux choses : la première, c'est que nous sommes chrétiens ; la seconde, que nous sommes évêques. Nous sommes chrétiens pour nous-mêmes ; nous sommes évêques pour vous. » Nous allons faire ce parcours surtout comme chrétiens, d'abord en nous regardant nous-mêmes ; puis en nous considérant comme responsables, comme pasteurs, sachant que si nous montons, si nous nous arrêtons ou descendons, nous en entraînons beaucoup d'autres derrière nous.

« Comme chrétiens, dit encore saint Augustin, c'est à notre propre avantage que nous devons veiller. Comme pasteurs, c'est de *votre avantage* à vous dont nous avons à nous préoccuper. » Notre *avantage* consiste à penser à nous, dans le silence et le recueillement, pour examiner quelle est notre relation avec le Seigneur. Cependant, tout ce que nous faisons ensemble sert aussi aux personnes qui nous sont confiées. Par notre sacrifice et notre patience, par notre persévérance aux moments difficiles d'ennui, de dégoût, d'aridité et de désolation, c'est pour eux que nous combattons.

« Beaucoup sont chrétiens sans être évêques, ajoute encore saint Augustin. Ils arrivent à Dieu par un chemin peut-être plus facile. Ils marchent probablement à une allure d'autant plus dégagée qu'ils portent un fardeau plus léger. Quant à nous, nous sommes chrétiens, nous devrons donc rendre compte à Dieu de notre propre vie. Mais nous sommes en outre pasteurs, nous devrons aussi rendre compte à Dieu de notre ministère » (Sermon 46,1-2).

La conscience de devoir rendre compte à Dieu et de nous-mêmes et des autres était très vive chez l'un de mes prédécesseurs sur le siège de Milan, le cardinal Ferrari. Il usait de cet argument pour exhorter le clergé lors des Exercices spirituels. Il suivait avec une extrême vigilance les retraites sacerdotales, si bien qu'il adressait des rappels à ceux qui ne les faisaient pas régulièrement tous les deux ans !

Déjà en 1893 — il était encore évêque de Côme — pour souligner la nécessité des Exercices spirituels pour la sanctification des prêtres, il écrivait : « Maintenant, chers confrères, je m'adresse à vous, exclusivement. Oui, pour vous parler à vous et à moi-même, car nous en avons certainement besoin. Nous devons veiller à ne pas nous négliger nous-mêmes quand nous prenons soin des autres car, c'est très vrai, nous ne pouvons avoir soin des autres si, d'abord, nous ne prenons soin de nous-mêmes. » Nous voyons dans ces paroles l'écho de celles de saint Augustin, un stimulant à bien faire les Exercices par amour des autres et de nos communautés, à les vivre à la fois comme une recherche personnelle et un service apostolique. Laissons donc de côté les préoccupations et les ennuis, les problèmes non résolus et les fatigues, avec le désir de nous pacifier et de faire la lumière en nous, en faveur de la croissance de nos frères dans la foi.

J'ai eu l'occasion de souligner la caractéristique fondamentale du cardinal Ferrari, la plus évidente, à savoir *son extraordinaire capacité* de travail et d'action, sa capacité *de « faire »*. Sa dernière biographie, écrite par Angelo Majo et intitulée *Ferrari, homme de Dieu, homme de tous les hommes*, brosse son portrait moral et spirituel. « Il fut homme d'action et de foi profonde, est-il écrit. Avant tout, un homme d'action ! De fait, il ne fut ni ne voulut être un homme de culture, un "intellectuel". Jamais il ne se posa comme un expert des problèmes socio-politiques, il fut homme d'action. Il libérait les énergies, il avait le génie de valoriser même les gens les plus modestes, il mettait tout le monde en route vers le bien. Peut-être, de manière spontanée, sut-il faire siens quelques-uns des traits caractéristiques du Milanais : tempérament actif, esprit d'initiative et sens du concret. Il était persuadé que l'action était une garantie de vérité plus sûre que la parole. D'où son activité exceptionnelle qui étonnait tous ceux qui l'entouraient. »

Nous nous demanderons : qu'est-ce que « l'action pastorale » ? Quelles sont les raisons de « l'agir », du « faire » qui font de nous non pas des *activistes*, mais des hommes qui mènent une véritable action.

Nous trouverons la réponse au cours de ces Exercices en prenant notre inspiration dans la personnalité du bienheureux Ferrari et dans son infatigable activité de pasteur. Nous la trouverons aussi grâce à l'Évangile de Matthieu, l'évangile de l'action du disciple. Nous aurons enfin présente à l'esprit l'exhortation apostolique, post-synodale de Jean-Paul II : « Je vous donnerai des pasteurs », particulièrement pour ce qui concerne les caractéristiques de l'action pastorale et ses sources.

Encore par manière de préliminaire, je vais lire ici un passage de « l'exhortation » qui nous décrit et nous fait comprendre qui nous sommes, nous qui nous engageons à faire les Exercices. « La formation permanente est un devoir, dit-elle, non seulement pour les jeunes prêtres, mais aussi pour les prêtres plus âgés. De fait, nous pouvons courir de nombreux risques en raison même de l'âge, comme par exemple celui d'un *activisme exagéré* ou d'une certaine *routine* dans le ministère. Le prêtre est ainsi tenté de trop présumer de lui-même, comme si son expérience personnelle, désormais confirmée, pouvait se dispenser de toute confrontation et de toute vérification. Il n'est pas rare que le prêtre adulte souffre d'une *certaine fatigue intérieure*, dangereuse, signe d'une déception résignée face aux difficultés et aux échecs » (*Pastores dabo vobis*, 77).

Nous courons quatre risques : l'activisme exagéré, la poursuite tranquille dans la routine, la présomption et enfin la fatigue qui conduit au dégoût, à la résignation et à l'affadissement. Nous réfléchirons sur chacun d'eux à partir du premier, cherchant à distinguer l'activisme de la véritable activité pastorale. Je recommande à chacun de vous de faire un bref examen de conscience sur les questions que voici : de ces quatre risques, quels sont ceux qui me menacent ? Peut-être un autre risque, mais semblable, me menace-t-il ? Comment les Exercices vont-ils m'aider à échapper aux dangers possibles ?

Il s'agit précisément de risques propres aux prêtres d'un âge moyen. Nous devons les prendre sérieusement en considération pour les éviter. La très belle prière de saint Augustin nous y invite :

> *Seigneur, je mets toute mon espérance en toi. Tu sais que je ne puis vaincre aucun de ces dangers. Tu sais que je suis rongé par l'activisme ou figé par la routine ou raidi par les préjugés ou rompu par la fatigue, si toi, mon espérance, tu ne viens pas à mon aide; si toi, mon salut et ma gloire, tu ne me sauves pas par ta puissance.*

Le Seigneur nous laisse souvent tomber dans l'un de ces dangers, pour nous faire comprendre que c'est Lui le Sauveur et que nous sommes ses prêtres seulement par sa grâce.

LECTURE DU SERMON SUR LA MONTAGNE

Tout en prenant les attitudes que je vous ai suggérées, nous allons faire *une lecture* quelque peu hardie et prétentieuse. Nous voulons, en effet, lire brièvement — en prenant pour idée centrale « le faire » — le plus long discours de l'Évangile de Matthieu et de tous les évangiles : le Sermon sur la montagne. Qu'est-ce que ce « faire » qui tient une place essentielle dans l'Évangile de Matthieu ? Comment ce célèbre discours en parle-t-il ? Il ne s'agit pas d'une lecture exégétique. J'ai simplement l'intention de vous préparer à lire les chapitres cinq, six et sept en vous interrogeant sur *la pratique* qui est le critère du jugement dernier (Mt 25), sur *la pratique* que nous devons enseigner (c'est notre mission apostolique : Mt 28,20), sur *la pratique* qui construit la maison sur le roc (Mt 7,24).

De votre côté, pendant le temps de méditation personnelle, vous lirez en entier le sermon sur la montagne, en vous arrêtant sur l'une ou l'autre des pensées que je vous présenterai. Je divise cette *lecture* en trois temps : le plan du discours ; le « faire », l'action dans ce discours et enfin la spécificité de ce « faire ».

Le plan du Discours sur la montagne

Le plan n'est pas immédiatement évident. Il est difficile d'en élaborer un que la mémoire pourrait retenir aisément. Les exégètes en ont essayé plusieurs. Je me suis passionné tantôt pour l'un tantôt pour l'autre, puis je les ai tous oubliés. Par exemple, en 1990, j'ai passé quelques jours à Assise avec des jeunes prêtres. Nous réfléchissions au Discours sur la montagne et j'avais présenté un plan qui me paraissait extraordinaire, très beau : au centre, le Père et de là partaient tous les autres éléments comme des ramifications. Mais je me suis vite rendu compte qu'il était trop compliqué pour pouvoir le mémoriser. Il vaut mieux sans doute commencer par fixer dans sa mémoire le discours parallèle de Luc, beaucoup plus simple, le discours dit « de la plaine ou du plateau ». Matthieu, à l'évidence, aimait les collines de Galilée qui s'élevaient doucement des rives du lac, comme les aiment tous ceux qui les ont parcourues. Luc, au contraire, pensait aux étendues plates que l'on trouve au sommet des collines, aux replats sur lesquels Jésus s'est assis en compagnie de ses disciples et de la foule.

Le discours dans l'Évangile de Luc est plus court (6,20-49) ; il est aussi plus ancien. Il comprend quatre parties :

— Les béatitudes et les malédictions.

— Le commandement de l'amour dont la pointe est l'amour des ennemis. Il se termine par : « Soyez miséricordieux comme votre Père est miséricordieux » (6,27-36).

— L'interdiction de juger (ne jugez pas et vous ne serez pas jugés), une interdiction qui est la conséquence du commandement d'amour. Elle est exprimée sous d'autres formes, par exemple : Un aveugle peut-il conduire un autre aveugle ?... Ne regarde pas la paille qui est dans l'œil de ton frère ; l'invitation au pardon (6,38-42).

— Enfin, le critère de l'action : « On reconnaît l'arbre à ses fruits », le critère de la parole que l'on a écoutée (6,43-49).

Matthieu développe les mêmes thèmes que Luc, mais plus longuement. Il conserve le début et la fin : les béatitudes et le critère de l'action, mais il accorde une plus grande place au cœur du discours. Il maintient l'interdiction de juger et le commandement de l'amour, en les intervertissant. Entre les deux grands thèmes du plan adopté par Luc, Matthieu en introduit trois autres.

Le premier, celui de la plus grande justice, avec six antithèses qui soulignent que la véritable justice est celle du Royaume, bien supérieure à la justice des scribes et des pharisiens. Le deuxième : il n'est de justice que devant Dieu, dans le secret. Il est illustré par trois exemples : l'aumône, la prière et le jeûne. Le troisième thème affirme que la vraie justice ne peut se comparer à rien d'autre, que les biens du Royaume sont l'unique critère de l'action. Dans cette dernière section, nous trouvons d'autres thèmes secondaires, encore liés au thème principal : préparez-vous des trésors dans le ciel ; ne préférez pas Mammon à Dieu ; ne vous préoccupez ni du manger ni du boire car le Royaume suffit, il est joie parfaite. En résumé, les trois parties propres à Matthieu sont : qu'est-elle, la justice supérieure à celle des scribes et des pharisiens ? qu'est-elle, la justice véritable que l'on accomplit devant Dieu seul ? qu'est-elle la justice qu'il faut préférer à tout, la justice qui nous soustrait à l'emprise de l'argent et de toute vaine préoccupation ?

Le texte comporte donc six parties :

— les béatitudes, le sel de la terre, la lumière du monde (5,3-16) ;

— la plus grande justice, les six antithèses (5,17-48) ;

— la justice devant Dieu seul, avec les trois exemples (6,1-18) ;

— la justice du Royaume comme critère unique de choix (6,19-34) ;

— l'interdiction de juger, la prière confiante, l'amour comme résumé de la loi (7,1-12) ;

— le critère de l'action, de la pratique pour distinguer les disciples de ceux qui ne le sont pas (7,13-27).

Il faut nous efforcer d'avoir bien en tête ce plan du Sermon sur la montagne car c'est le texte fondamental de la vie du baptisé et du pasteur, de tout ce qui nous est demandé de faire dans nos activités pastorales.

Insistance sur l'agir

Après avoir présenté le schéma des chapitres 5 à 7 de l'Évangile de Matthieu, nous allons nous demander si, vraiment, ce discours met l'accent sur le « faire », sur « l'agir ». Pour répondre à cette question, nous nous reporterons à la fin, à la règle d'or de Matthieu : « Tout ce que vous désirez que les hommes fassent pour vous, faites-le vous-mêmes pour les autres. Voilà toute la Loi et les Prophètes » (7,12). C'est là le résumé de tout ce que l'on peut dire sur la Loi et les Prophètes : *faites* pour les autres ce que vous voulez qu'on *fasse* pour vous !

L'évangéliste précise ce « faire » par quatre expressions différentes.

Versets 13 et 14. Il est question de portes et de chemins. « Entrez par la porte étroite, dit-il. Large et spacieux est le chemin qui conduit à la perdition. Beaucoup le prennent. Étroite, au contraire, est la porte et resserré, le chemin qui mène à la vie. Ils sont peu nombreux ceux qui le trouvent et le prennent. » L'image fait allusion à la pratique du disciple. Ou bien il agit comme on fait d'ordinaire et alors il se perd. Ou bien il agit comme Jésus le dit, même si c'est pénible, difficile, peu commun et à contre-courant, et alors il se sauve.

Versets 15 à 20. L'évangéliste nous cite l'exemple des faux prophètes. Comment les reconnaître ? En analysant leurs discours, en les confrontant avec l'orthodoxie ? Pas du tout ! Vous les reconnaîtrez à leurs actions, à leur manière de vivre, et à leurs fruits. « C'est à leurs fruits que vous les reconnaîtrez... Un bon arbre peut-il porter de mauvais fruits ? » Encore ici, le principe clé, c'est le fruit, l'action concrète, le résultat obtenu.

Versets 21 à 23. On passe de l'expression symbolique, imagée à la manière directe. Jésus fait le portrait du vrai disciple : « Ce n'est pas celui qui crie : Seigneur, Seigneur, qui entrera dans le Royaume des cieux, mais celui qui *fait* la volonté de mon Père qui est dans les cieux. » Faire la volonté du Père est supérieure à l'annonce de la Parole, aux exorcismes et aux miracles. « Beaucoup me diront en ce jour-là (le jour du jugement) : "Seigneur, Seigneur, n'est-ce pas en ton Nom que nous avons prophétisé ? En ton Nom que nous avons chassé les démons ? En ton Nom que nous avons fait beaucoup de miracles ?" Alors, je leur dirai en face : vous, je ne vous ai pas connus ! Éloignez-vous de moi, vous qui commettez l'iniquité. » C'est à ses *œuvres de justice* que l'on reconnaît le disciple.

Versets 24 à 27. Matthieu insiste une quatrième fois sur l'importance du « faire » en utilisant l'image de l'homme sage qui construit sa maison sur le roc. Qui est sage ? Non pas celui qui médite, qui prie beaucoup, qui réfléchit, mais bien plutôt celui qui agit, « celui qui écoute les paroles et les met en pratique ». A l'inverse, qui est insensé ? « Celui qui écoute les paroles et ne les met pas en pratique. » Sa maison s'effondrera et lui, sera écrasé sous les décombres.

Pas de doute, c'est « le faire », la pratique des exemples et des enseignements de Jésus ou le « non-faire », la non-pratique, qui, selon Matthieu, permet de savoir qui est le véritable disciple.

Que faire ?

Quel est donc ce « faire » qui, d'après le Discours sur la montagne, fait le véritable disciple ? Quel est ce « faire » symbolisé par l'arbre qui donne de bons fruits, par le passage par la porte étroite et par la maison construite sur le roc ? Il nous faut reprendre une à une chacune des six parties de notre plan du Discours sur la montagne.

Matthieu 5,3-16. Le « faire » exprimé dans les béatitudes est le premier qu'indique Jésus. Si nous considérons attentivement ces paroles, nous nous apercevons que nous sommes devant un « agir » particulier. Jésus fait porter l'attention sur des situations et des attitudes. Des situations qui sont indépendantes de nous, comme celles de ceux qui sont affligés, persécutés ou insultés. Des attitudes qui consistent à être pauvres en esprit, doux, affamés et assoiffés de justice, purs de cœur. C'est donc un « faire » différent de celui auquel nous aurions pensé, un « faire du cœur », c'est-à-dire tout intérieur.

C'est vrai, les béatitudes des miséricordieux et des artisans de paix se réfèrent à des actions que nous appelons communément le « faire ». Cependant, le contexte nous dit qu'il ne faut pas les entendre comme des actes ordinaires, singuliers, mais bien plutôt comme des modes de vie permanents, comme des attitudes constantes de pardon et de pacification ; des attitudes qui ne créent ni tensions, ni désagréments, ni conflits, ni discordes, mais qui apaisent. Nous serons jugés sur le « faire du cœur », sur la manière de vivre et de se comporter dont la puissance inspiratrice est l'annonce du Royaume. C'est grâce à cette force que fleurissent pauvreté, douceur, humilité et capacité de supporter afflictions et persécutions.

Matthieu 5,17-48. Jésus parle d'une nouvelle justice qui n'abolit ni la Loi ni les Prophètes. « Quiconque violera l'un de ces moindres préceptes [...] sera tenu pour le plus petit dans le Royaume des cieux. » Telle est la justice du Royaume qui surpasse celle des scribes et des pharisiens. L'évangéliste, à ce propos, donne des exemples. Ce sont les six antithèses : « Moi, je vous dis... »

Si nous les considérons attentivement, nous remarquons que ces six exemples indiquent un « faire », une manière de vivre, des attitudes qui, en quelque sorte, sont la reprise des béatitudes. Par exemple, la *première antithèse* : « Vous avez entendu qu'il a été dit aux ancêtres : Tu ne tueras pas

[...] Moi, je vous dis : quiconque se fâche contre son frère en répondra au tribunal. » Cette antithèse reprend et illustre la béatitude de la douceur. Il ne faut pas tuer, bien plus il ne faut pas tenir des propos agressifs à l'égard de son frère. Dans la première antithèse, au verset 24, on revient sur les béatitudes des artisans de paix et des miséricordieux : « Laisse ton offrande devant l'autel, et va d'abord te réconcilier avec ton frère. »

La *seconde antithèse* : « Quiconque regarde une femme pour la désirer a déjà commis, dans son cœur, l'adultère avec elle » (v. 28), est un exemple de la pureté de cœur et de la transparence chez ceux qui tournent leur regard vers Dieu seul.

La *troisième antithèse* : « Tout homme qui répudie sa femme, l'expose à l'adultère » rappelle aussi une exigence de fidélité, de pureté et de réconciliation qui est signifiée dans les béatitudes. En effet, la cause du renvoi de la femme est double. Ou bien le cœur s'est attaché à une autre femme et alors la pureté de cœur s'est assombrie : on n'a pas « arraché l'œil par lequel le scandale est venu ». Ou bien est née une invincible inimitié et par conséquent, par manque de miséricorde, de pardon et de paix, on est allé vers une autre femme.

La *quatrième antithèse* (v. 33-37) : « Ne jurez ni par le ciel car c'est le trône de Dieu, ni par la terre car c'est l'escabeau de ses pieds, ni par Jérusalem car c'est la ville du Grand Roi. Ne jurez pas non plus par votre tête. » C'est là un appel à la sincérité — une autre forme de pureté du cœur. Une sincérité qui parle en toute liberté sous le regard de Dieu. Une forme de pauvreté spirituelle qui libère de toute crainte et permet de s'exprimer très librement. Une attitude qui est simplicité, détachement et pureté.

La *cinquième antithèse* (v. 38-42) est encore une application des béatitudes de miséricorde, de paix et de pardon.

« On a dit : œil pour œil et dent pour dent. Eh bien ! moi je vous dis de ne pas tenir tête au méchant. Au contraire, quelqu'un te donne-t-il un soufflet sur la joue droite, tends-lui encore l'autre... »

La *sixième antithèse,* la dernière (v. 43-48). Il en est encore de même. « Vous avez entendu qu'il a été dit : "Tu aimeras ton prochain et tu haïras ton ennemi." Eh bien ! moi je vous dis : Aimez vos ennemis, et priez pour vos persécuteurs afin de devenir fils de votre Père qui est aux cieux car il fait lever le soleil sur les méchants et les bons, et pleuvoir sur les justes et les injustes. » Voilà une révélation éclatante de l'agir évangélique ! Attitude du miséricordieux, de celui qui sait supporter la persécution, bien plus, de celui qui prie pour ses persécuteurs ; attitude de celui qui accepte le mal qu'on lui fait tout en restant un artisan de paix ; attitude de celui qui n'a rien à perdre car tout son trésor est en Dieu. Cet agir évangélique rend manifeste notre filiation divine : du moment que nous avons accueilli la bonne nouvelle de la paternité de Dieu, nous nous comportons avec confiance, sérénité et patience, assurés d'obtenir de plus grands biens. Ce sont là les qualités des enfants de Dieu.

Le « faire » sur lequel le chrétien est jugé est donc avant tout « le faire du cœur », une attitude profondément nouvelle, signe et fruit du Royaume de Dieu, signe et fruit de la filiation divine révélée par Jésus premier né. Ce « faire » (nous en parlerons encore dans la prochaine méditation), *c'est déjà le Royaume.* C'est ce « faire » que les apôtres doivent enseigner : « Vous leur apprendrez à observer tout ce que je vous ai commandé » (Mt 28,20). D'où la conséquence : il s'agit d'un « faire » qu'on enseigne seulement en « faisant ». Il ne s'agit pas de théorie. Il s'agit d'une manière de se comporter, de mener une vie évangélique.

Matthieu 6,1-18. Être juste à la face de Dieu.

Nous connaissons les trois exemples que donne Jésus : aumône, prière et jeûne, tous les trois accomplis dans le secret. Nous ne devons rien faire par ostentation. Nous devons faire l'aumône, prier et jeûner sous le regard du Père seulement. Ce thème est la reprise des béatitudes : celle de la pureté de cœur, et celle de la faim et de la soif de justice. Celui qui a faim et soif de justice, recherche celle-ci, se préoccupant de Dieu seul. Celui qui est pur de cœur est attentif à Dieu qui scrute dans le secret ; il ne se soucie pas du jugement des hommes, il met toute sa confiance dans le Seigneur. Il s'agit donc d'un « agir » filial. Ne se trouve-t-il pas au cœur même du Discours sur la montagne, dans le « Notre Père » (v. 9-12).

La communauté chrétienne est une communauté d'enfants de Dieu dont la pratique de l'aumône, de la prière et du jeûne est exigée par cette filiation. Raison pour laquelle elle doit être discrète, humble et cachée. Ni envahissante ni vaniteuse.

Matthieu 6,19-34. Il s'agit ici de « l'agir » de celui qui prend le Royaume comme valeur suprême, comme l'unique critère de ses choix. « N'amassez point de trésors sur la terre, là où la mite et le ver consument, où les voleurs percent et cambriolent. Mais amassez-vous des trésors dans le ciel : là, point de mite ni de ver qui consument, point de voleurs qui perforent et cambriolent. Car où est ton trésor là est ton cœur... Personne ne peut servir deux maîtres. Vous ne pouvez servir Dieu et Mammon. Ou il haïra l'un et aimera l'autre. Ou il s'attachera à l'un et méprisera l'autre. Voilà pourquoi je vous dis : Ne vous inquiétez pas pour votre vie de ce que vous mangerez ni pour votre corps de quoi vous le vêtirez. »

Le « faire » de celui qui recherche le Royaume est tout à l'opposé de *l'activisme exagéré*, essoufflant et anxieux.

C'est un « faire » soutenu par la confiance en Dieu. Il ne ronge pas ni ne dévore. C'est sûr, à celui qui recherche le Royaume, tout lui sera donné par surcroît.

Matthieu 7,1-12. Ne jugez pas ! Priez avec confiance ! L'amour est le résumé de toute la Loi. Nous sommes face aux dispositions intérieures de l'enfant qui demande du pain, sûr que son Père le lui donnera, de l'enfant qui ne portera pas un jugement venimeux, négatif, corrosif ou cynique. « Ne juge pas !... Qu'as-tu à regarder la paille qui est dans l'œil de ton frère ? » Il semble qu'il est impossible de mettre en pratique ces paroles. Ce « faire » suppose en effet un profond changement, jusque dans l'intime de l'être, une humilité qui n'ose même pas juger.

« Ne donnez pas aux chiens ce qui est sacré, ne jetez pas vos perles devant les porcs, de crainte qu'ils ne les piétinent, puis se retournent contre vous pour vous déchirer » (v. 6).

Ce verset est difficile à interpréter. A la lumière du contexte et de notre méditation, il me paraît cependant assez clair. Il s'agit du disciple qui ne juge pas, tout en vivant dans un monde d'arrogance, plein de médisances, où tout le monde accuse tout le monde. Le vrai disciple ne se déprécie pas à ses propres yeux : il « possède des choses saintes » ; il sait qu'il a des perles et, par conséquent, il se garde bien de les laisser écraser par les jugements critiques de personnes incompétentes, par des jugements « mondains ». Il ne soumet pas son trésor, sa vie évangélique au jugement du « monde ». Pas plus qu'on ne donne des perles à des porcs ou des choses sacrées à des chiens ! Ne l'atteignent ni les calomnies ni les interprétations malveillantes de sa vie chrétienne. Il en rit, sûr qu'on ne peut comparer la perle du Royaume avec les grognements ou les aboiements de l'opinion publique.

Ce « faire » campe une personnalité, confiante, consciente de l'ineffable don de Dieu. Et donc, humble, conciliante, patiente, sans jalousie, sans rancune, sans haine. Le Royaume de Dieu est le royaume des pacifiques, des pauvres, des humbles, de ceux qui ont faim et soif de Dieu.

Matthieu, 7,13-27. Je ne fais pas le commentaire de cette partie, car nous en avons déjà parlé quand nous l'avons présentée comme étant le résumé du « faire ».

Méditation sur « le faire » du Discours sur la montagne

En conclusion, je vous suggère deux questions que vous pourrez méditer, auxquelles vous pourrez réfléchir dans le silence et la prière.

L'action pastorale, à la lumière du Sermon sur la montagne : « Apprenez à observer ce que je vous ai commandé » (Mt 28,20) se préoccupe avant tout de vivre et de faire vivre l'attitude profonde que nous avons décrite. Tel est l'apostolat fondamental, la mission de l'Église. Une mission qui n'est ni pouvoir, ni activisme, ni prosélytisme, mais *diffusion du mode de vie que Jésus a vécu et qu'il demande de vivre.* Elle a son origine, elle puise sa force dans le baptême : « Baptisez-les au nom du Père, du Fils et de l'Esprit » (Mt 28,19). Elle doit porter du fruit : la vie selon les béatitudes. *Pour moi, qu'est-ce que l'action pastorale ?*

La seconde question est plus personnelle : *Quel est mon « agir » quotidien ?* Est-ce l'activité manuelle, l'agitation, le mouvement ? Est-ce l'inquiétude ? Ou bien est-ce le « faire du cœur » si remarquablement décrit dans le Discours sur la montagne ? Demandons ensemble au Père le « faire du cœur ». Il ne nous le refusera pas !

O Père, toi qui ne refuses rien à tes enfants, donne-nous le pain de ce « faire », et non la pierre de l'action désordonnée et excitée. Donne-nous la paix du Royaume, le gage de la Résurrection et non le serpent de l'agitation intérieure, de l'inquiétude, du pessimisme, de la dépression.
Toi qui es Père, donne-moi le pain du Royaume, la vie ressuscitée et joyeuse, la vie qui révèle ton Fils Jésus notre Seigneur, le premier à vivre ce qu'il nous dit dans son Discours sur la montagne. La parole, c'est Lui : lumière, chemin, vérité et vie.

INCARNER LA PAROLE !
HOMÉLIE DU LUNDI DE LA 32e SEMAINE

Les trois moments de la vie des premières communautés

La liturgie de ce lundi nous propose comme première lecture le commencement de la « Lettre de Paul à Tite ». Nous allons la relire pour en tirer quelques utiles réflexions, en particulier pour les responsables des communautés, pour les pasteurs.

« Paul, serviteur de Dieu, apôtre de Jésus Christ pour amener les élus de Dieu à la foi et à la connaissance de la vérité ordonnée à la piété, dans l'espérance de la vie éternelle promise avant tous les siècles par le Dieu qui ne ment pas et qui, aux temps marqués, a manifesté sa parole par une proclamation dont un ordre de Dieu notre Sauveur m'a confié la charge, à Tite mon véritable enfant en notre foi commune, grâce et paix de par Dieu le Père et le Christ Jésus notre Sauveur.

Si je t'ai laissé en Crète, c'est pour y achever l'organisation et pour établir dans chaque ville les presbytres, conformément à mes instructions. Chaque candidat doit être irréprochable, mari d'une seule femme, avoir des enfants croyants, qui ne puissent être accusés d'inconduite et ne soient pas insoumis. L'épiscope, en effet, en sa qualité d'intendant de Dieu, doit être irréprochable : ni arrogant, ni coléreux, ni buveur, ni batailleur, ni avide de gains déshonnêtes, mais au contraire hospitalier, ami du bien, pondéré, juste, pieux, maître de soi, attaché à l'enseignement sûr, conforme à la doctrine ; ne doit-il pas être capable, à la fois, d'exhorter la saine doctrine et de confondre les contradicteurs ? » (1,1-9).

Nous avons là une lettre *pastorale* qui traite surtout des problèmes ordinaires de la vie d'une communauté, des problèmes auxquels nous sommes confrontés chaque jour. Nous pouvons, en effet, distinguer *trois périodes* dans la formation des premières communautés chrétiennes.

Première période. Celle de la prédication. Nous en savons peu de choses. Nous en avons un résumé seulement dans les Actes des Apôtres au chapitre 13 : il concerne la fondation de la communauté d'Antioche de Pissidie. Et au chapitre 16, il s'agit alors de la fondation de la communauté de Philippes.

A la seconde période, se posent les problèmes d'organisation, mais d'un genre quelque peu étonnant. Dès le début, les communautés s'aperçoivent qu'il est difficile de vivre ensemble, dans l'harmonie. Certaines ont des doutes ; d'autres parlent de visions ; d'autres encore ont tendance à croire à de fausses doctrines. Voici alors les grandes lettres de l'Apôtre Paul : elles sont une seconde intervention auprès des communautés déjà évangélisées par la première prédication ; elles ont pour objectifs de mettre de l'ordre, de clarifier la doctrine et d'approfondir des problèmes théologiques et ecclésiologiques. On y trouve aussi quelques allusions à la période de la première prédication.

A la troisième période, les graves difficultés une fois résolues, commence la routine de la vie quotidienne des communautés. Viennent alors les lettres dites précisément « pastorales » dont la Lettre à Tite. Les communautés doivent se donner une organisation stable. Jusqu'alors, l'autorité de l'apôtre était indiscutée et les hiérarchies s'établissaient suivant les charismes. Désormais, il faut un ordre précis.

Pourquoi les Lettres pastorales ?

Dans le passage de la Lettre à Tite que nous avons lu, cet ordre apparaît encore sous une forme embryonnaire. La distinction entre les presbytres et les épiscopes n'est pas claire. « Je t'ai laissé en Crète, écrit Paul, pour établir dans chaque ville des presbytres » (v. 5). Il semble parler d'un collège des anciens. Mais au paragraphe suivant, il souligne le rôle de l'épiscope. Il ne s'agit peut-être pas de « l'évêque » au sens où nous l'entendons aujourd'hui. Il énumère les critères qui doivent présider à son choix mais ces critères, dans l'ensemble, sont probablement ceux qui doivent servir à la désignation des presbytres.

Les qualités, les mêmes pour les uns et les autres, vont de soi : un membre du collège des responsables ne doit être ni arrogant, ni irascible, ni alcoolique... Nous admirons le courage de Paul qui, après avoir annoncé l'Évangile avec tant d'amour et de passion, laissait aux communautés elles-mêmes le soin de désigner les personnes les plus capables, leur donnant simplement quelques règles.

Il faut nous le rappeler, les gens étaient encore frustes, il n'y avait encore ni cycle de formation ni séminaire. Il n'était donc pas facile de choisir. D'où l'insistance de Paul pour le choix d'hommes humainement et moralement dignes.

Les qualités d'accueil, d'amour du bien, de bon sens, de justice, de piété, de maîtrise de soi, de fidélité à la doctrine, en somme la rectitude de la vie chrétienne selon le Discours sur la montagne, passent avant le savoir théologique. Celui-ci deviendra évidemment une nécessité quand s'accumuleront erreurs, hérésies et fausses interprétations. Pour l'heure, il se résume dans la vie d'enfants de Dieu, la vie dans Jésus le Christ, dans le Père. Une vie d'humilité, de douceur, de paix, de patience. La vie selon les béatitudes, celle de l'homme nouveau dans le Christ.

Comme je l'ai déjà indiqué, il y manque la figure monarchique de l'évêque, elle est remplacée ici par Tite. Il y a donc une autorité ultime, supérieure, déléguée à Tite pour réguler la communauté. Avec le temps, disparaîtront peu à peu les fondateurs et le portrait de l'évêque se dessinera particulièrement avec saint Irénée.

Théologie de l'apostolat et de la prédication

Il me presse de souligner deux aspects de ce texte de la Lettre à Tite.

1. Les trois premiers versets sont un magnifique condensé de la théologie du salut et de l'apostolat. Ils seraient à méditer mot à mot. « Paul, serviteur de Dieu, apôtre de Jésus Christ pour amener les élus de Dieu à la foi et à la connaissance de la vérité ordonnée à la piété, dans l'espérance de la vie éternelle promise avant tous les siècles par le Dieu qui ne ment pas » (v. 1 et 2).

Là, nous avons surtout un résumé de l'identité de l'apôtre. En second lieu, c'est l'essentiel de l'annonce qui est présenté : la foi, la vérité, puis la piété fondée sur l'espérance.

L'apôtre proclame la foi et la vérité, c'est-à-dire ce qu'il faut croire. La foi et la vérité conduisent à la piété, c'est-à-dire à l'agir, à la pratique : la piété envers Dieu devient charité et amour du prochain, le tout fondé sur l'espérance. Nous trouvons cette même triade sous cette autre forme : foi, espérance et charité, l'accent étant mis sur cette dernière. Le fondement de la foi est très important ; la promesse de l'espérance est aussi très importante, mais plus importante encore est l'agir évangélique du chrétien, c'est-à-dire la charité, comme fruit de la foi et prémices de la manifestation définitive du Royaume. De cela, nous tirons des applications intéressantes : la triade doit être toujours et indissolublement présente dans notre ministère. Celui-ci consiste en effet à annoncer la foi, l'espérance et la charité non pas comme trois éléments d'une réalité mais bien comme une unique réalité. Suivant les circonstances, on insistera tantôt sur l'une tantôt sur l'autre de ces trois « vertus théologales ». Se tromper sur ces circonstances peut équivaloir parfois à se tromper sur le but et ne pas comprendre le destinataire du message.

2. Je voudrais signaler un second point. Après avoir parlé de cette triade, Paul continue. Tout ceci est « manifesté par une proclamation dont un ordre de Dieu notre Sauveur m'a confié la charge », dit-il (v. 3).

La prédication est mise vivement en lumière : elle est parole de Dieu et elle nous est confiée par ordre de Dieu notre Sauveur. Elle est essentielle. Elle qualifie l'apôtre. Je rappelle, à ce sujet, la conception qu'en avait le Cardinal Ferrari et qui a peu à peu gagné toute l'Église.

A son époque, les évêques prêchaient rarement, seulement à l'occasion de quelque solennité. Toutefois, le Cardinal Ferrari avait la conviction que pour gagner la sympathie des gens et particulièrement pour raviver leur foi, il fallait changer les habitudes. Aussi commença-t-il à prêcher fréquemment, en expliquant simplement et clairement les paroles de Jésus rapportées par les évangiles, sans se décourager face à l'indifférence ou à l'hostilité d'un clergé qui n'en comprenait pas la nouveauté. Bien plus, pour inciter les prêtres à le faire, il multiplia les visites aux paroisses et les prédications au peuple, qui l'écoutait avec enthousiasme.

Nous savons que Charles Borromée avait déjà rappelé aux Évêques la nécessité de la prédication. Cela prouve que toute époque doit redécouvrir les devoirs premiers de l'apôtre : redire les paroles de Jésus d'une manière compréhensible, en se référant à la Bible avec sérieux.

Prêcher comme saint Paul ou le bienheureux Ferrari veut dire aussi exprimer par ses paroles et ses gestes le don de soi, la pauvreté, la douceur, l'humilité, la miséricorde, le pardon et l'amour des ennemis. Quand l'Évêque et le Prêtre vivent les béatitudes évangéliques et dépensent leur vie pour le peuple, la prédication est vérité. Elle proclame cette vérité et les gens sentent bien qu'elle est incarnée dans la vie de celui qui parle. Telle est la « Saine doctrine » dont parle Paul : être en mesure, grâce à la Sainte doctrine de l'Évangile et du Discours sur la montagne, de faire se développer cette manière de vivre des enfants qui appellent Dieu leur Père, en Jésus Christ.

Donne-nous, Seigneur, de participer à la force de la prédication que nous sommes appelés à faire, à vivre et à défendre, en nous donnant nous-mêmes ; la force que tu as donnée à Paul, à Tite, aux Apôtres.
Fais que la « Saine doctrine » retentisse en notre Église afin qu'elle soit l'Église des Apôtres qui annoncent courageusement la résurrection de ton Fils Jésus et la vie nouvelle en Lui.

2

La sainteté du disciple

Matthieu 5-7

Nous l'avons dit, chacune des méditations nous propose un des cinq grands discours de Matthieu. Nous avons déjà parlé du Discours sur la montagne. Nous reprenons ici le même thème biblique mais à un niveau plus personnel. Ainsi nous réfléchirons à la sainteté du disciple comme Matthieu en parle aux chapitres 5 à 7.

Il me semble utile, par manière d'introduction, de rappeler comment « l'agir du cœur » correspond à la première partie des Exercices spirituels : « Principe et fondement » où Ignace de Loyola souligne quel est le but de l'homme : « L'homme, dit-il, est créé pour louer, adorer et servir Dieu, et ainsi sauver son âme » (Exercices spirituels n° 23). De fait, le Discours sur la montagne dit quel est le but de la vie de l'homme : la justice du Royaume, entendue précisément au sens de Matthieu, la justice parfaite. Nous pourrions la définir comme l'« humanité pleinement accomplie », c'est-à-dire une humanité dont les relations avec Dieu, avec soi et avec les autres sont parfaitement réussies, l'être en plénitude selon le plan du salut établi par Dieu. Le but, la fin de toute vie humaine est *la sainteté*, une existence authentique avec la vision réaliste du péché et de la rédemption. Ce n'est pas par hasard si le Discours sur la montagne parle des ennemis, de l'adultère, du cœur impur, et de toutes les formes de division à l'œuvre dans le monde. C'est en tout cela et au travers de tout cela que l'homme atteint la plénitude de sa vérité dans sa relation à Dieu et aux frères. L'idéal du Discours sur la montagne, c'est l'humanité développée avec la multitude de ses potentialités dont essentiellement, dans le cadre de la mort et de la résurrection du Christ, la victoire sur le péché et la participation à la vie du Ressuscité. L'idéal évangélique, c'est une humanité heureuse, heureuse parce qu'elle a trouvé la perle précieuse, c'est l'existence typique de celui qui a comblé l'écart entre l'être et le devoir être, cet écart qui est à la racine de tout effort moral. On saisit ainsi que le devoir être est réalisable, à l'exemple de Jésus, avec lui et en lui. On comprend ce qu'est l'existence de l'homme selon le Discours sur la montagne. Si la vie est présentée comme l'heureuse expérience de celui qui a résolu le problème existentiel de son devoir être, alors est-il possible de ne pas vouloir le bonheur, la satisfaction, la joie et la plénitude ?

C'est à ce point précis que toute la morale de saint Thomas prend son départ : les hommes veulent être heureux ! L'essentiel est donc de savoir où est le vrai bonheur qui est en même temps la gloire de Dieu. Je voudrais que nous approfondissions cet idéal en nous posant trois questions :

— A qui t'adresses-tu, Seigneur, quand tu prononces le Discours sur la montagne ?

— Que nous proposes-tu, concrètement ?

— Comment ce message est-il annoncé dans un langage moderne soit par le Cardinal Ferrari, soit par l'Exhortation « Pastores dabo vobis », « Je vous donnerai des pasteurs » ?

A qui s'adresse le Discours sur la montagne ?

Seigneur, à qui et pour qui parles-tu dans ce discours ? A qui s'adressent tes propres paroles ? A qui s'adresse le texte écrit par Matthieu ?

On sait que les exégètes ont longuement discuté à propos des destinataires de ce discours. J'ai moi-même hésité entre diverses réponses. Il n'est pas facile de répondre car la réponse que l'on donne peut avoir des conséquences qui nous font peur.

Certaines théories minimalistes ont prétendu, par exemple, que le Discours sur la montagne exprimait une morale, une éthique « provisoire », utile pour la courte période qui précède la catastrophe finale, le dernier effort que l'homme doit faire avant l'imminente eschathologie. C'est ainsi que s'expliquerait la radicalité des exigences qui sont formulées : face à l'imminence de la fin du monde, il vaut la peine de vivre ainsi.

D'autres auteurs pensent — et cette opinion a eu souvent ma faveur — qu'il s'agit d'une éthique pour les disciples plus que pour la foule, une éthique requise pour ceux qui choisissent radicalement Jésus : les prêtres, les diacres et les personnes consacrées. Matthieu au verset 1 du chapitre 5 favorise cette interprétation. « Voyant les foules, écrit-il, Jésus gravit la montagne et quand il fut assis, ses disciples s'approchèrent de lui. Et prenant la parole, il les enseignait... » D'autres passages du Discours sur la montagne s'appliquent spécifiquement aux disciples. « Heureux les persécutés pour la justice... Heureux êtes-vous quand on vous insultera » (Mt 5,10-11).

Il est clair qu'il s'agit avant tout des disciples, de ceux dont il sera dit dans le discours sur la mission : « Vous serez traduits devant des gouverneurs et des rois à cause de moi... » (Mt 10,17-19). Cette autre affirmation :

« Bienheureux ceux qui ont une âme de pauvre » (Mt 5,3) ne renvoie-t-elle pas aux recommandations de n'emporter « ni or ni argent » (Mt 10,9-10) que Jésus fait à ses disciples ? Il y a donc de bonnes raisons pour soutenir que le Discours sur la montagne vise surtout les disciples, les personnes consacrées, les prêtres et les diacres.

Toutefois ces raisons ne sont pas suffisantes. Le mot final, par exemple, évoque les foules : « Quand il eut achevé ces discours, les foules restèrent frappées par son enseignement » (Mt 7,28). Ces mêmes foules sont mentionnées juste avant le discours. « Des foules nombreuses se mirent à le suivre, de la Galilée, de la Décapole, de Jérusalem et d'au-delà du Jourdain. Voyant ces foules, il gravit la montagne et s'étant assis, ses disciples s'approchèrent de lui » (Mt 4,25 ; 5,1).

Nous avons l'impression qu'il y avait à la fois et les foules et les disciples, et que si quelques paroles semblent directement adressées aux disciples, les foules les écoutent et les prennent aussi pour elles. Jésus parle d'ailleurs de situations qui concernent tout le monde, la vie ordinaire des gens : inimitiés, divorce, impureté du cœur... Aussi l'interprétation la plus sûre va dans le sens d'un discours-programme prononcé par Jésus pour le peuple.

Il est intéressant de noter que Matthieu mentionne cinq régions d'origine de ses auditeurs (la Galilée, la Décapole, Jérusalem, la Judée et la Transjordanie) tandis que Luc, dans le texte parallèle, parle aussi de Tyr et de Sidon. Matthieu ne nomme pas ces dernières parce qu'elles sont païennes : le Discours sur la montagne s'adresse à l'Israël de Dieu, au peuple que Jésus est venu rassembler, au peuple qu'il appelle avant les autres à être le peuple de Dieu. Il dira à la Cananéenne : « Je n'ai été envoyé qu'aux brebis perdues de la maison d'Israël » (Mt 15,24). C'est à ce peuple que Jésus présente la charte du Royaume et naturellement surtout aux disciples qui devront annoncer le message (Mt 10), qui seront les missionnaires des foules d'Israël. Il s'adresse aux disciples mais pour que ceux-ci apprennent aux gens à observer ce qu'il a commandé. Il s'agit d'un discours de sainteté *pour le peuple*. Il deviendra (Mt 28,20) un enseignement pour tous les peuples, jusqu'aux extrémités de la terre. Les disciples, premiers destinataires, devront vivre pleinement cette charte pour l'enseigner et en témoigner. De même nous, successeurs des apôtres et des disciples, nous sommes appelés à la faire vivre par les fidèles et les communautés.

Que propose le Discours sur la montagne ?

Nous sommes peut-être au point le plus délicat et le plus important de notre réflexion. Si le Discours sur la montagne est destiné à tous, il ne peut pas être un message qui demande l'héroïsme, des efforts extraordinaires, une vie extrêmement tendue. C'est, au contraire, un message de grâce. De grâce et qui donne la grâce. Nous l'oublions souvent quand nous soulignons les exigences éthiques du Discours sur la montagne.

Revenons au verset qui introduit ce long discours. « Jésus parcourait toute la Galilée, enseignant dans leurs synagogues, proclamant la Bonne Nouvelle du Royaume et guérissant toute maladie et toute langueur parmi le peuple » (Mt 4,23). Ces paroles sont le résumé des chapitres suivants, jusqu'à la fin du chapitre 9 qui répète presque à l'identique le verset 23 du chapitre 4. « Jésus parcourait toutes les villes et les villages, enseignant dans leurs synagogues, proclamant la Bonne Nouvelle du Royaume et guérissant toute maladie et toute langueur » (Mt 9,35). Il est clair que Matthieu veut lier le verset 23 du chapitre 4 qui précède le Discours sur la montagne avec le verset 35 du chapitre 9 qui conclut la section des dix miracles. S'il en est ainsi, nous pouvons dire que ce verset 23 résume tout ce qui sera dit par la suite, précisément aux chapitres 8 et 9 qui racontent les dix miracles : les guérisons d'un lépreux, de l'enfant d'un centurion et de la belle-mère de Pierre ; la tempête apaisée ; les guérisons de deux démoniaques, d'un paralytique et d'une hémoroïsse ; la résurrection de la fille du chef de la synagogue ; enfin la guérison de deux aveugles et celle d'un démoniaque muet. Ces dix miracles illustrent ce que dit Matthieu : « Il guérissait toute maladie et toute langueur. »

Aux chapitres 5 à 7, nous sont présentés l'enseignement de Jésus dans les synagogues et l'annonce de la Bonne Nouvelle du Royaume. L'enseignement moral est déjà dans cette annonce. Mais le discours n'exprime pas seulement les conditions d'entrée dans le Royaume, les exigences éthiques du Royaume, il est d'abord annonce du Royaume, grâce et salut. Et ceci est fondamental pour notre prédication de la morale.

J'essaie d'approfondir cet aspect en réfléchissant à l'emploi de l'impératif dans le texte. Impératifs implicites dans les béatitudes : si tu veux être heureux, aie une âme de pauvre, sois pur de cœur...

Impératifs explicites dans le reste du texte : laisse là ton offrande devant l'autel et va d'abord te réconcilier avec ton frère... arrache ton œil droit et jette-le loin de toi s'il est pour toi occasion de péché...

La comparaison avec les impératifs rencontrés dans les lettres de l'apôtre Paul (d'après les exégètes, ils s'inscrivent dans une perspective différente) nous aidera à comprendre. En effet, l'apôtre passe habituellement de l'indicatif à l'impératif. « Justifiés par la foi, dit-il, nous sommes en paix avec Dieu par notre Seigneur Jésus Christ... nous mettons notre orgueil dans l'espérance de la gloire de Dieu... » (Rom. 5,1-2). Les verbes expriment l'exhortation, ce qu'il faut faire.

Les applications éthiques sont le fruit de l'annonce et l'annonce elle-même est justification par la foi.

Après avoir annoncé dans les onze premiers chapitres la justification par la foi dans le sang du Christ, Paul, au chapitre 12, donne son enseignement moral : « Je vous exhorte, frères, par la miséricorde de Dieu à offrir vos personnes en hostie vivante, sainte, agréable à Dieu » (Rom 12,1). Les impératifs, chez l'apôtre, viennent après le kérygme. Par exemple dans la lettre aux Colossiens, il écrit encore : « Du moment que vous êtes ressuscités avec le Christ (c'est l'indicatif), recherchez donc les choses d'en haut... Songez aux choses d'en haut (impératif)... » (Col 3,1).

Paul présente la vie morale comme un impératif qui découle de la grâce, cette grâce qui envahit l'homme, le fait fils de Dieu et le comble de l'Esprit. Nous sommes habitués à ce schéma : d'abord une annonce du salut, de la miséricorde et du Royaume, puis vient comme conséquence le devoir moral.

Chez Matthieu, par contre, les choses se passent différemment. L'impératif qui apparaît dès le début du discours de Jésus est le *contenu même du message*. Il est *déjà* l'annonce de la grâce et du salut. Il est *déjà* Royaume vécu quand il est accueilli. Il est fondamental de comprendre cette manière de s'exprimer. Nous allons mieux le saisir en répondant à la question : comment donc l'impératif chez Matthieu est-il grâce ?

Il est grâce parce que dans la perspective de la puissance de Dieu qui vient et renverse la puissance du péché, l'homme est chargé d'énergies nouvelles. Comme le Royaume, en Jésus, a opéré les miracles, ainsi dans l'homme qui accueille le Royaume, la puissance divine se révèle par la pureté de cœur, la miséricorde, la capacité de faire la paix, la douceur, la pauvreté.

Je vous donne ce cas précis : « Si c'est par l'Esprit de Dieu que j'expulse les démons, dit Jésus, c'est donc que le Royaume de Dieu est arrivé jusqu'à vous » (Mt 12,28). Nous pouvons dire : Si un homme vit la pureté de cœur jusqu'à ne pas « regarder une autre femme », si un homme est pacifique et miséricordieux au point de pardonner à sa femme, alors le Royaume de Dieu est en lui, l'Esprit Saint est au travail en lui. Si un homme, en vertu de l'Esprit, présente « l'autre joue » à celui qui l'a frappé, le Royaume est arrivé pour lui et pour vous, la force de Dieu est là.

En élargissant cette idée, l'impératif chez Matthieu est grâce parce que celui qui le met en pratique montre qu'il est déjà membre du peuple de l'Alliance : il a accueilli l'appel de Jésus qui veut rassembler tout son peuple sous ses ailes.

L'impératif est grâce parce qu'il porte à son accomplissement la grâce de l'appel du Premier Testament, révélant les intentions profondes et les implications ultimes de la Loi. Il ne s'agit pas d'une économie contraire à celle d'Israël, mais bien d'un débordement de cette économie, portée à son accomplissement dans des attitudes et des comportements qui révèlent la présence de l'Esprit.

Tout le texte de Matthieu suppose cela. Il part du vécu, de la pratique, du « faire », d'un « faire » cependant qui a des dimensions étonnantes, d'un « faire » qui annonce, proclame et rend présent le Royaume. Jésus lui-même commence cette proclamation en présentant les signes d'une humanité renouvelée, non pas dans un monde éthéré ou idyllique mais bien dans un monde pécheur, dans un monde où il y a impuretés, lâchetés, haines et guerres, où il faut supporter les inimitiés, où sévissent l'orgueil, la vanité, l'envie et la rivalité. C'est dans ce monde qu'est immergée la force novatrice et rédemptrice du Royaume.

De ces réflexions, nous pouvons tirer quelques conclusions pour notre prédication de la morale. Nous faisons souvent appel à la loi évangélique pour justifier les impératifs moraux, y compris en matière familiale ou sexuelle. Nous disons : telle est la loi de l'évangile, nous devons l'observer même si elle est dure. On ne peut pas la transgresser. On ne peut pas aller à l'encontre des commandements du Seigneur.

C'est un enseignement en soi acceptable mais il n'est ni paulinien ni matthéen. S'il était paulinien, il faudrait partir de la joie de l'Esprit. C'est d'elle, en effet, que jaillit la spontanéité de l'amour, une manière de vivre plus digne de « l'homme racheté ». S'il était matthéen, il proclamerait les exigences morales comme une victoire du Christ. Dans le Discours sur la montagne, l'interdiction du divorce, par exemple, s'inscrit dans la sphère de la grâce qui nous fait purs de cœur, miséricordieux et artisans de paix. En réalité, ce que nous disons demeure un enseignement qui indique des limites à ne pas franchir (*dura lex, sed lex*, la loi est dure mais c'est la loi). A cause de cela, il ne convainc pas les gens. Il faut, au contraire, montrer que l'idéal humain proposé par Jésus — et contre lequel la faiblesse humaine peut se révolter — est plus grande que les autres idéaux. Il ne se ferme pas au bonheur. Il est plutôt un mouvement qui part des béatitudes, de leur force, et d'un cœur transformé par elles.

Celui qui écoute notre manière habituelle de prêcher la morale ne reçoit aucune force. Bien au contraire, il cherche des raisons pour s'y soustraire, n'ayant pas accueilli cette vie nouvelle qui, seule, permet d'accepter et de recevoir concrètement le message.

Il est donc très important que le discours moral soit vraiment ou paulinien ou matthéen, et non un extrait simplifié et amoindri de l'un ou de l'autre, qui se limite à un pur exposé de la loi pour conclure : c'est ça l'Évangile ! Non, l'Évangile c'est beaucoup plus ! C'est la force de Dieu qui, pénétrant dans l'histoire, change le cœur de l'homme et lui ouvre les sentiers du bonheur et de la liberté, avec la capacité d'être pur de cœur, d'œuvrer pour la paix, d'être miséricordieux, de supporter la souffrance et les larmes. La force de Dieu est seule à pouvoir permettre de traverser les obscurités de l'existence et de les vaincre. La proposition du message évangélique n'est ni abstraite ni élitiste. Elle est faite pour un peuple qui pleure et souffre, pour des gens fatigués et opprimés, des hommes et des femmes pour qui l'horizon est bouché et qui ont besoin d'ouvrir toutes grandes les fenêtres du cœur.

Telle est la sainteté chrétienne que nous propose le Discours sur la montagne.

Comment traduire en langage moderne le Discours sur la montagne ?

Il me semble utile de voir, en rappelant quelques textes du bienheureux Ferrari et de l'Exhortation « Pastores dabo vobis », comment on peut traduire dans le langage de notre temps le Discours sur la montagne. Je vais citer des paroles de Ferrari qui concernent la sainteté sacerdotale, en commençant par un de ses discours où il affirme l'absolue nécessité d'une telle sainteté pour le pasteur. « Notre vie est par vocation et par mission vie de perfection. Il n'est pas possible de s'arrêter au milieu de la pente ou bien on se tient sur la hauteur de la sainteté ou bien on glisse dans l'abîme de la faute. Voilà pourquoi une vigilance spéciale et permanente sur nous-mêmes est nécessaire. » (Fête des saints Pierre et Paul, 1915.)

Ce sont là des paroles très fortes que nous pourrions exprimer ainsi : ou bien l'Évangile est reçu avec toute sa richesse, ou bien il est réduit à quelques règles de vie un peu dures à observer, contre lesquelles nous nous heurtons, nous, hommes fragiles et pécheurs. Dans le cas extrême, nous refusons l'Évangile en son essentiel qui est seul capable de nous conduire à la sainteté : l'Évangile en son essentiel est une invitation à la justice parfaite du Royaume.

Dans une lettre au clergé, le bienheureux Ferrari explique clairement le but de la sainteté sacerdotale. « Nous faisons les Exercices, dit-il, surtout pour restaurer en nous l'image de Jésus Christ, notre Seigneur, prêtre et pasteur éternel » (1er avril 1911).

Quelle est l'image de Jésus Christ ? Celle que Jésus donne de lui-même dans le Discours sur la montagne : doux, bon, miséricordieux, capable de pardonner aux ennemis, prompt à donner sa vie pour eux.

Les Exercices ont donc pour but de nous conduire à la sainteté qui consiste « à restaurer en nous l'image du Christ, prêtre et pasteur éternel ». « Nous faisons les Exercices, ajoute encore le bienheureux Ferrari, pour répéter à Jésus : "Je te suis partout où tu vas", pour le suivre partout où il va, dans tout son enseignement. Le Christ n'est pas une référence abstraite. Nous devons l'imiter concrètement en adoptant les attitudes évangéliques prônées par les béatitudes. » Toujours dans cette même lettre, Ferrari indique quelles sont « les quatre pierres angulaires de la sainteté : l'esprit d'humilité, de foi, de piété et de charité ». C'est ainsi qu'il résume les thèmes fondamentaux du Discours sur la montagne.

Il disait encore, dans son discours de 1915 lors de la fête des saints Pierre et Paul : « La vie du prêtre doit être l'exemple vivant de ce qu'il prêche... Nous sommes des instruments dans les mains de Jésus-Christ et de l'Église, mais des instruments pensants qui doivent se conformer à l'esprit du Christ et de l'Église. » A partir de sa propre expérience de sainteté, l'Archevêque redisait simplement les enseignements évangéliques.

Le numéro 20 de l'Exhortation « Pastores dabo vobis » a retenu mon attention parce qu'il décrit la sainteté sacerdotale en soulignant les mêmes caractéristiques que Ferrari : la configuration au Christ prêtre ; être des instruments vivants du Christ, prêtre éternel. Cela met en évidence comment la doctrine chrétienne, proposée par l'évangile, se transmet et arrive jusqu'à nous. « Par le sacrement de l'Ordre, les Prêtres se configurent au Christ comme ministres du Chef afin de faire grandir tout le corps qui est l'Église, en qualité de coopérateurs de l'ordre épiscopal... Les prêtres sont (tous : fidèles et prêtres sont appelés à la sainteté) particulièrement obligés de tendre à cette perfection puisque, eux qui ont reçu une nouvelle consécration par l'ordination, sont élevés à la condition d'instruments vivants du Christ Prêtre éternel pour poursuivre dans l'histoire son œuvre admirable, Lui qui a ramené le genre humain vers le Père avec une efficacité toute divine.

Je recommande à chacun de vous la relecture de ce numéro 20 de l'Exhortation post-synodale, convaincu qu'il peut nourrir votre méditation silencieuse.

Des questions pour conclusion

D'abord une question d'ordre pastoral : quelle est ma prédication de la morale ? Est-elle purement moralisante ? Indiquons-nous correctement les limites de l'agir humain quand nous le faisons avec la conscience que cela ni ne convainc ni n'est suffisant ou quand nous le faisons pour libérer notre conscience ? Ou est-ce une prédication à la manière de Paul qui proclame les richesses de l'Esprit Saint répandues dans nos cœurs, pour faire comprendre ensuite comment de cette plénitude de l'Esprit viennent l'amour, la joie, la paix, la patience, la bienveillance, la bonté, la fidélité, la douceur (Gal. 5,22), en somme une autre manière de dire le Discours sur la montagne ? Ou bien notre prédication de la morale tend-elle à être celle de Matthieu qui présente les exigences morales comme une victoire du Christ dans l'homme nouveau, par conséquent d'une manière convaincante et attrayante, et qui provoque chez l'auditeur cette exclamation : comme il serait beau de vivre ainsi !

Les gens estiment souvent que l'enseignement de l'Église en certains domaines est dépassé, qu'il étiole l'existence. Aussi faut-il montrer que la morale chrétienne est très moderne, qu'elle permet de vivre sereinement et librement, que les béatitudes et les attitudes évangéliques conduisent à une vie authentique, ouverte, joyeuse et pleine dans un monde d'obscurité et de confusion.

La seconde question est plus personnelle : comment, en ce premier jour des Exercices, est-ce que je considère cet appel à la sainteté sacerdotale qui m'est adressé ? Est-ce que je le considère avec crainte, pensant qu'il me demande trop ? Est-ce que je le considère avec découragement, presque avec résignation, parce qu'il est trop exigeant ? Ou bien est-ce que je l'entends, persuadé que, appel à la sainteté, il est la grâce que Dieu me fait *maintenant*, le don avec lequel l'Esprit remplit mon cœur, la victoire du Royaume *aujourd'hui* en moi ?

3

L'action missionnaire dans un monde hostile

INTRODUCTION

« Seigneur, fais rayonner en nos cœurs la lumière pure et joyeuse de ta vérité. Fais que nous ne soyons pas obscurcis par les ténèbres du péché, nous qui vivons dans ta connaissance et ton amour » (Oraison des Laudes, du mardi de la quatrième semaine, Bréviaire ambroisien).

Nous te demandons, ô Père, de faire rayonner dans nos cœurs la lumière pure et joyeuse de ta vérité pendant ces Exercices. Seigneur, en lisant, en méditant, en laissant entrer en nous les pages de l'Évangile de ton Fils, puissions-nous voir resplendir en nous la lumière de ta vérité qui rend la vie de tes enfants pure, paisible et confiante. Fais que les ténèbres du péché ne viennent pas nous obscurcir !

Quelles sont les ténèbres du péché ? Ce sont les négligences, les paresses et les peurs que nous éprouvons à nous livrer à la méditation et à la prière silencieuse et personnelle, peut-être aussi le sentiment d'être inapte, loin de ce qui est dit. Tout autant d'artifices par lesquels Satan tente d'empêcher que la lumière évangélique éclaire nos esprits et réchauffe nos cœurs.

Donne-nous, Seigneur, de vivre dans ta connaissance et ton amour. La connaissance que nous recevons de ton Fils, par l'Évangile, est nourriture de l'Esprit, source d'amour. Père, fais que nous soyons ainsi nourris, que nous puissions voir dans les paroles de ton Verbe un reflet de ce que tu es, un rayon de ta vie trinitaire, une participation au Mystère d'amour qui régit l'univers. Amen.

Nous allons méditer les textes bibliques, sachant que derrière eux se profile la présence trinitaire : le Père qui nous envoie son Fils, le Fils qui se révèle à nous, l'Esprit Saint qui est à l'œuvre en nous.

Nous réfléchirons au second discours de Jésus dans l'évangile de Matthieu, appelé le *discours missionnaire* dans lequel il explique le « faire du cœur ». Nous verrons que de nombreuses pages mettent en relation la mission de l'Église avec l'hostilité du monde.

Je procéderai par étapes :

— d'abord la situation du discours par rapport aux textes parallèles des autres évangiles sypnoptiques et sa place dans l'évangile de Matthieu ;

— ensuite la lecture du discours avec l'intention d'écouter la réponse à cette question : quelle est l'action missionnaire que Jésus recommande ?

— enfin, la méditation des qualités que requiert l'action missionnaire.

Seigneur Jésus, aide-nous à comprendre la force, la valeur et la fine pointe de tes paroles, nous qui nous préparons à la nouvelle évangélisation. Celle-ci, en effet, ne peut qu'être fidèle à la première. Aide-nous, nous qui voulons nous mettre dans les dispositions que tu as toi-même recommandées aux Douze.

Matthieu a écrit ce discours avec beaucoup de soin. Il est facile de retrouver soit dans Marc soit dans Luc les éléments qu'il a utilisés et développés.

Nous lisons par exemple dans Marc (3,13,19) l'appel des Douze, et leur liste, ce qui chez Matthieu trouve place au début du chapitre 10.

Marc (6,7-13) nous fait part des dispositions requises par Jésus. Matthieu les reprend et les exprime autrement.

Au chapitre 6,12-16, Luc raconte l'appel des Douze et donne la liste de leurs noms. Au chapitre 9,1-6, il dit quelles sont les exigences de la mission ; il les rappelle encore au chapitre 10,1-16, lorsqu'il parle de la mission des soixante-douze.

Matthieu a réuni toutes ces données et d'autres encore que nous ne pouvons mentionner ici mais qui sont citées en marge dans les diverses éditions du Nouveau Testament. Il a recueilli tout ce qu'il pensait devoir rapporter de l'enseignement de Jésus sur la mission. Il a rédigé le chapitre 10 pour dire de quelle manière « l'agir du cœur » devient « action missionnaire » et rayonne.

En 5,13-16, Matthieu avait abordé le thème de la mission. « Vous êtes le sel de la terre. Mais si le sel vient à s'affadir, avec quoi le salera-t-on ?... Vous êtes la lumière du monde. Une ville qui est mise au sommet d'un mont ne peut se cacher. Et l'on n'allume pas une lampe pour la mettre sous le boisseau, mais bien sur le lampadaire où elle brille pour tous ceux qui sont dans la maison. Ainsi votre lumière doit-elle briller devant les hommes afin qu'ils voient vos bonnes œuvres et glorifient votre Père qui est dans les cieux. » Il développe ce thème au chapitre 10.

Comme pour le Discours sur la montagne, il n'est pas facile de dire quel est le plan du discours missionnaire, car Jésus parle de la mission de différents points de vue.

Nous pouvons toutefois diviser ce discours en trois parties :

— l'appel des ouvriers de la mission (9,35-10,4). Il vaut mieux en commencer la lecture à partir de 9,35 car nous y trouvons le fondement de cet appel ;

— les dispositions concrètes qu'il faut avoir pour la mission (10,5-39) ;

— enfin la conclusion (10,40-42).

LECTURE DU DISCOURS MISSIONNAIRE

La lecture commence donc au verset 35 du chapitre 9. Matthieu reprend presque mot pour mot le verset 23 du chapitre 4 qui précédait le Discours sur la montagne. « Jésus parcourait toutes les villes et les villages, enseignant dans leurs synagogues, proclamant la Bonne Nouvelle du Royaume et guérissant toute maladie et toute langueur. » Le verset est important car ce qui suit définit la mission que Jésus confie aux Douze. Tout ce que Jésus a fait (chapitres 5 à 9 : Discours sur la montagne et les dix miracles) devient la mission des apôtres.

Le verset 36, très beau, fait part du sentiment qui est à l'origine de la mission. « A la vue des foules, il en eut pitié, car ces gens étaient las et prostrés comme des brebis qui n'ont pas de berger. » La mission naît de la compassion de Jésus et cette compassion, racine de la mission, il la communique aux autres. Le verset 36 m'est particulièrement cher car il me rappelle les Exercices spirituels que j'ai prêchés à Paul VI en 1978 sur l'Évangile de Matthieu. C'était la dernière année de son Pontificat. Je pris précisément ce verset : la compassion de Jésus, comme clé d'interprétation de la mission : le cœur du Christ qui nous aime et souffre parce que nous sommes fatigués, épuisés ou égarés.

Suit une parole de Jésus, elle aussi très importante : « Alors Jésus dit à ses disciples : la moisson est abondante, mais les ouvriers sont peu nombreux » (v. 37). La toile de fond est eschatologique. Le terme « moisson » indique la fin des temps, la saison de la récolte. Jésus a le sentiment très vif de l'urgence du temps qui passe alors que l'on n'est pas prêt pour la moisson. C'est aussi de cette urgence que naît la mission.

« Priez donc le maître de la moisson ! Qu'il envoie des ouvriers pour moissonner » (v. 38). Tout ce qui arrivera par la suite est l'œuvre du maître de la moisson : les invités sont simplement des ouvriers, responsables de la moisson en second. Le Père est le premier responsable : il a envoyé son Fils Jésus qui, à son tour, envoie les apôtres.

On peut voir ici une allusion au mystère trinitaire : le Père envoie le Fils, le Fils envoie ses apôtres, avec la grâce de l'Esprit.

Les versets 1 à 4 du chapitre 10 présentent les Douze comme les artisans de la mission. C'est à eux surtout que s'adresse le discours de la première mission. Toutefois, si l'on tient compte de la forme que Matthieu emploie pour l'exprimer, il faut déjà voir l'Église elle-même dans les Douze qui seront ensuite envoyés au monde entier. Par conséquent, si les recommandations qui concernent la mission, sont historiquement liées à l'envoi des Douze, elles doivent être lues comme s'adressant aussi à tous les successeurs des apôtres et des disciples. Ici, les Douze représentent le peuple de Dieu tout entier. Le discours missionnaire interpelle donc l'Église entière même si le contexte historique a changé : si la lettre est périmée, son esprit, lui, est toujours valable.

La partie la plus développée du discours va de 10,5 à 10,39.

« Les Douze, Jésus les envoya en mission avec les prescriptions suivantes » (v. 5). Pour faciliter votre méditation, je divise ce passage en six parties qui correspondent à autant de questions :

— à qui sont-ils envoyés ?
— que doivent-ils annoncer ?
— comment la mission doit-elle être remplie ?
— quel fruit faut-il en espérer ?
— quel sera le sort des missionnaires ?
— dans quel esprit faut-il aller en mission ?

A qui sont-ils envoyés ?

« Ne prenez pas le chemin des païens et n'entrez pas dans une ville de Samaritains ! Allez plutôt vers les brebis perdues de la maison d'Israël » (v. 5-6). Il s'agit d'une mission qui ressemble à celle de Jésus : rassembler Israël ; porter à leur accomplissement les prophéties et faire d'Israël un seul peuple (allusion au contexte historique). Israël est le premier destinataire de la mission mais en reliant ce verset au verset 19 du chapitre 28 : « Allez, enseignez toutes les nations », on voit que le peuple d'Israël est le symbole de l'humanité entière.

Que doivent-ils annoncer ?

Le contenu de leur prédication est exprimé de manière très brève dans les versets 7 et 9 :

« Chemin faisant, proclamez que le Royaume des Cieux est tout proche. Guérissez les malades, ressuscitez les morts, purifiez les lépreux, chassez les démons. » La mission de Jésus définie aux chapitres 5 à 7 pour ce qui concerne la doctrine et aux chapitres 8 et 9 pour ce qui regarde la pratique, est confiée aux apôtres. Ils sont eux-mêmes appelés à continuer et à développer l'œuvre de Jésus. La mission est donc un service concret qui change les situations et les gens, qui marque la vie de l'homme. Une prédication purement formelle n'est pas dans l'esprit de Jésus.

Le discours est beaucoup plus développé à partir du verset 8 comme si Jésus voulait surtout insister sur la manière d'être missionnaire : comment, avec quel résultat, avec quelle chance de succès, dans quel esprit. A mon avis, cette partie, plus nouvelle, est une application de « l'agir du cœur », du Discours sur la montagne, à l'action missionnaire.

L'instruction sur la manière d'être missionnaire commence au verset 8b : « Vous avez reçu gratuitement, donnez donc gratuitement. » Elle comprend aussi les versets 9 et 10 :

« Ne vous procurez ni or ni argent ni menue monnaie pour vos ceintures ni besace pour la route ni deux tuniques ni sandales ni bâton car l'ouvrier mérite sa nourriture. » « Bienheureux ceux qui ont un cœur de pauvre [...]. N'accumulez pas de trésors sur la terre » (5,2,6,19).

La mission requiert pauvreté et gratuité, pauvreté radicale, gratuité radicale, deux conditions qui, à première vue, surprennent à vous couper le souffle. Il faut en outre avoir une pleine confiance : Dieu pensera à vous ; les gens seront pour vous l'instrument de la divine Providence ; ne vous préoccupez de rien !

C'est vraiment « l'agir du cœur » appliqué à l'action missionnaire : si le Seigneur pense aux oiseaux du ciel qui ni ne sèment ni ne moissonnent, « ne fera-t-il pas bien plus pour vous, gens de peu de foi ? » (6,26,30b). Votre manière d'agir gratuitement, avec humilité, désintéressement et douceur, en hommes de paix, cela c'est déjà la mission.

Pouvons-nous nous reconnaître dans les règles données par Jésus ? L'Église, la mission, peuvent-elles se reconnaître dans ces paroles ? Laissons arriver ces questions jusque dans nos cœurs et, puissent-elles nous déranger !

Le verset 11 souligne la droiture et la compréhension comme qualités de l'action missionnaire. « En quelque ville ou village que vous entriez, faites-vous indiquer quelqu'un d'honorable et demeurez-y jusqu'à ce que vous partiez. » Vous êtes la ville sur la montagne, tous vous regardent, par conséquent comportez-vous avec droiture, dignité et transparence, de manière à édifier !

Quel résultat espérer ? « En entrant dans la maison, saluez-la ! Si cette maison en est digne, que votre paix vienne sur elle ! Si elle ne l'est pas, que votre paix vous soit retournée ! Et si quelqu'un ne vous accueille pas et n'écoute pas vos paroles, sortez de cette maison ou de cette ville et secouez la poussière de vos pieds. En vérité, je vous le dis : au Jour du jugement, il y aura moins de rigueur pour le pays de Sodome et de Gomorrhe que pour cette ville-là » (12-15).

Le résultat ne va pas de soi. Ne viennent pas nécessairement la réponse positive, le succès, les applaudissements ou les approbations. Les auditeurs sont libres. Quand la mission est écoutée, elle suscite la paix. Si elle ne l'est pas, elle aboutit au jugement. Le missionnaire reçoit le même accueil que le message. Il est, d'après le discours sur la montagne, artisan de paix. Sa personne rayonne la paix. Il est la lumière mise sur la montagne, mais on peut échapper à la lumière, on peut la fuir. Le sel peut donner le salut, il peut aussi brûler. Il s'agit donc d'un message qui risque de diviser les cœurs. Il ne reçoit pas nécessairement un accueil favorable. Jésus voit avec lucidité que l'action missionnaire entraîne aussi l'hostilité et la révolte.

Matthieu développe ensuite le thème : quel est le sort du missionnaire ? Je me limite ici à rappeler quelques-unes des paroles typiques des versets 16 à 25 : « Je vous envoie comme des brebis au milieu des loups » (v. 16a). Un programme de contestations, de souffrances, d'attaques, de résistances, de pièges, d'embûches. « Soyez prudents comme les serpents et simples comme les colombes » (16b). Puis viennent des recommandations plus concrètes au sujet des persécutions : « Méfiez-vous des hommes : ils vous livreront à leurs tribunaux et vous flagelleront dans leurs synagogues » (v. 17). Les béatitudes sont ainsi confirmées : « Heureux êtes-vous quand on vous insultera, qu'on vous persécutera, et qu'on dira contre vous toute sorte d'infamie à cause de moi » (5,11). Le sort de « l'agir du cœur » est le même que celui de l'action missionnaire, mais ici la béatitude se réalise, on se confie totalement au Père, on cherche le Royaume de Dieu et sa justice, et le reste sera donné par surcroît.

« Lorsqu'on vous livrera dans leurs mains, ne cherchez pas avec inquiétude comment parler ou que dire : ce que vous aurez à dire vous sera donné sur le moment, car ce n'est pas vous qui parlerez, mais l'Esprit de votre Père qui parlera en vous » (v. 19-20).

L'action du disciple rayonne donc dans l'exercice d'une mission qui est contrecarrée, refusée, qui devient lumière du monde et sel de la terre.

Les métaphores de Matthieu : sel et lumière (5,13-14) sont pleines de sens quand arrivent les difficultés et les contradictions.

Jésus encourage : « Le disciple n'est pas au-dessus du maître ni le serviteur au-dessus de son patron. Il suffit pour le disciple qu'il devienne comme son maître, et le serviteur comme son patron. Du moment qu'ils ont traité de Béalzéboul le maître de maison, que ne diront-ils pas de la maisonnée ! » (10,24-25) Votre sort est le mien. Votre mission est le prolongement de la mienne.

Après avoir décrit le contexte d'hostilité dans lequel a lieu l'annonce du message, Jésus par une série de recommandations (v. 26 à 39), répond à la question : dans quel esprit convient-il de vivre cette mission ?

« N'allez donc pas les craindre ! Rien, en effet, n'est voilé qui ne sera révélé. Rien de caché qui ne sera connu... Ne craignez rien de ceux qui tuent le corps, mais ne peuvent tuer l'âme. Craignez plutôt celui qui peut jeter dans la géhenne tout à la fois l'âme et le corps » (v. 26-28). Il fait de nouveau référence au Discours sur la montagne, à l'abandon à la Providence, pour souligner l'esprit dans lequel le missionnaire doit affronter les difficultés, bannissant toute crainte. « Ne vend-on pas deux passereaux pour un as ? lit-on aux versets 29-31. Et pas un d'entre eux ne tombera au sol à l'insu de votre Père ! Et vous donc ! Vos cheveux même sont tous comptés ! Soyez donc sans crainte ! Vous valez mieux, vous, qu'une multitude de passereaux. »

La confiance totale en Dieu devient *décision* absolue de confesser le Seigneur, elle acquiert ainsi une valeur christologique et théologique. Aux versets 32 à 39, nous lisons : « Quiconque se déclarera pour moi devant les hommes, moi aussi je me déclarerai pour lui devant mon Père qui est dans les Cieux. Mais celui qui m'aura renié devant les hommes, à mon tour je le renierai devant mon Père qui est dans les cieux. »

Jésus continue, signalant les résistances à son message, et il conclut au v. 39 : « Qui aura trouvé sa vie la perdra et qui aura perdu sa vie à cause de moi la trouvera. » La mission est une occasion de décision pratique et plénière. L'hostilité rencontrée rend manifeste ce qu'il y a dans le cœur de l'homme. Elle révèle si le cœur entend vraiment confesser Jésus comme Seigneur et Fils de Dieu. Elle permet d'exprimer le don radical du chrétien.

Avec ce verset, la partie des recommandations prend fin : partant de la manière de se comporter, elles se sont élevées jusqu'à une réflexion sur les persécutions et les conflits. Matthieu a puisé des idées dans les discours eschatologiques de Luc ainsi que dans les situations dangereuses dans lesquelles la communauté vivait, et il les a insérées dans sa vision de la mission considérée comme un moment exemplaire. C'est surtout celui qui vit la persécution qui vit la mission. Le destin de la communauté chrétienne est spécialement exprimé comme étant celui des missionnaires.

Conclusion du discours

Les versets 40 à 42 pourraient répondre à la question : Quelle est la récompense du missionnaire ? Sa récompense est d'être comme Jésus. « Qui vous accueille m'accueille, et qui m'accueille, accueille Celui qui m'a envoyé » (verset 40).

La récompense est d'être inséré dans la mission qui va du Père à Jésus et de Jésus à celui qu'il envoie et qui reçoit comme gratification le nom de disciple. « Quiconque donnera à boire à l'un de ces petits rien qu'un verre d'eau fraîche en tant qu'il est mon disciple, en vérité je vous le dis, il ne perdra pas sa récompense » (v. 42). Même celui qui aura donné un verre d'eau à un disciple sera récompensé. Tout sera récompensé, déclare Jésus : celui qui entre dans le mystère de sa mission participe à sa destinée.

Je vais vous suggérer quelques pensées pour votre méditation en répondant à la question : qu'est-ce que l'action missionnaire ?

En commentant verset après verset, nous avons noté qu'il s'agit d'un « agir » qui rappelle le Discours sur la montagne : il en énumère les fruits et en souligne le rayonnement apostolique. Telle est la dernière réflexion qui jaillit de façon évidente du discours missionnaire.

Nous pouvons dire, en second lieu, qu'aucun des problèmes qui nous préoccupent beaucoup n'est souligné. Ni l'organisation interne de la mission : « Seigneur, quels sont les moyens, les moments et les étapes d'une catéchèse ? » Ni même l'organisation externe, c'est-à-dire les rapports des responsables entre eux, des responsables avec les communautés, la répartition des champs d'action, les relations des missionnaires entre eux.

Le discours de Jésus montre simplement la beauté d'une attitude, à savoir celle des béatitudes, quand le missionnaire est confronté aux gens soit qu'ils l'accueillent soit qu'ils le rejettent. Il met surtout en valeur le paradoxe : « Celui qui perdra sa vie à cause de moi la trouvera » (v. 12). Jusqu'à donner sa vie ! Tel est le sérieux de la mission, telle qu'il la définit. A ce propos, je veux vous poser deux questions :

1. Comment cette manière d'assumer la mission m'interpelle-t-elle ? La première réaction peut être celle de la peur, de la prise de distance.

Que cela soit pour nous occasion de purification et d'humilité ! Que cela soit stimulant ! Si nous méditons avec attention ces paroles de Jésus, nous y trouvons un profond encouragement, comme s'il nous disait : courage, la mission est beaucoup plus proche de toi que tu ne crois. Elle est surtout une question sur ce que tu es toi-même en vérité. Elle est à portée de main. Elle est au cœur de ton « agir » quotidien, de ta manière d'agir et de te comporter. La mission c'est toi-même. Elle est ta vérité intérieure, ton bonheur personnel, ta réussite humaine et spirituelle.

2. L'encouragement s'accroît encore à travers la seconde question : comment le Cardinal Ferrari vivait-il la mission ? En effet, si l'archevêque de Milan a été proclamé bienheureux, cela signifie que l'Église reconnaît en lui un exemple de vie évangélique, que sa manière d'assumer la mission a été une authentique incarnation des enseignements de Jésus.

Examiner notre agir, notre service d'autrui, cela veut dire que nous relisons la mission comme Jésus l'a définie et que nous sommes encouragés à faire passer dans les faits ce chapitre 10 de l'Évangile de Matthieu.

« Le Cardinal Ferrari a eu, peut-être inconsciemment, mais avec l'intuition des saints et des apôtres, la vision de ce qu'il fallait faire : il fallait reprendre contact avec le peuple ; il fallait émigrer, pèleriner dans toutes les bourgades et villages du diocèse ; labourer ce terrain, toujours fécond, toujours bon, toujours plein de promesses, mais que le temps avait un peu durci et presque rendu stérile en certains endroits. Et lui, le laboura, il le remua, il fit appel à toutes les forces morales et spirituelles que notre peuple avait encore. » C'est ainsi que l'archevêque Montini, le futur Paul VI, parlait lors de la commémoration que j'évoquais au début de ces Exercices. Une ardeur inlassable, c'était cela la mission de Ferrari, sa manière de vivre le Discours sur la montagne. Il donnait sa vie, il se donnait lui-même et les gens le comprenaient.

Je vous lis encore un témoignage rapporté par son biographe, Don Giovanni Rossi. Il raconte la dernière visite pastorale que fit le bienheureux Ferrari : « Il continua la dernière visite pastorale, écrit-il, jusqu'au jour où sa voix se noua dans la gorge. Mais même alors il alla au milieu de son peuple, s'exprimant plus par les gestes que par les paroles, tandis que les larmes lui emplissaient les yeux. »

La mission, c'était lui-même ! Il la vivait avec cette totale confiance en la Providence, si fortement soulignée dans le discours missionnaire.

« Nous devons avoir confiance en Dieu qui nous aime, c'est-à-dire avoir une espérance ferme et forte. Nous devons penser qu'il nous aime, nous assiste et nous regarde. Nous devons présenter à Dieu nos œuvres sans crainte, pourvu que nous lui restions unis. » Et encore : « C'est la main de Dieu qui, au-dessus des nations, tisse la toile d'araignée de la vie et commande sans être commandé, qui fait servir selon son dessein, événements, mutations et même révolutions ; qui ordonne tout, dispose tout et conduit tout avec une douce sagesse et une force souveraine. »

Ce n'est autre que la traduction dans la vie des versets 29 à 31 du chapitre 10 de l'Évangile de Matthieu. « Ne vend-on pas deux passereaux pour un as ? Et pas un d'entre eux ne tombera au sol à l'insu de votre Père ! Et vous donc ! Vos cheveux même sont tous comptés ! Soyez sans crainte ! Vous valez mieux, vous, qu'une multitude de passereaux. »

Une proposition

Au terme de cette réflexion, je vous propose de relire le discours missionnaire ou de reprendre les réflexions que je vous ai faites ou bien de vous tourner vers le Seigneur et lui dire : qui es-tu, Jésus, toi qui nous instruis ? Le texte pourrait alors vous faire découvrir davantage la personne de Jésus car Jésus, l'envoyé du Père, qui, lui, envoie les apôtres, déclare : « Vous avez reçu gratuitement, donnez donc gratuitement. »

Jésus donne gratuitement tout ce qu'il reçoit du Père. Lui qui enseigne : « n'emportez ni bâton ni besace », il est celui qui « n'a rien pour reposer sa tête ». Lui qui affirme : « je vous envoie comme des agneaux au milieu des loups », c'est lui le premier qui vient comme un agneau au milieu des loups pour être immolé. Lui qui invite à être prudent comme le serpent, il est celui qui répond avec beaucoup de sagesse quand on l'interroge au sujet du tribut à verser à César. Lui qui invite à être simple comme la colombe, c'est celui qui s'écrie avec force « malheur à vous ! » et sans crainte, dit à chacun son fait. Lui qui exhorte à ne pas chercher ce qu'il faudra dire devant les tribunaux, il est celui qui se tait ou qui parle devant Pilate et les juges avec sagesse et profondeur. Lui qui évoque les divisions que son message peut provoquer, il est celui qui dit : « l'un de vous me trahira ».

Lui qui affirme : « quiconque se déclarera pour moi devant les tribunaux, je me déclarerai pour lui devant mon Père qui est dans les cieux », il est celui qui rend témoignage devant Pilate. Lui qui soutient « qu'un verre d'eau ne restera pas sans récompense », il est celui qui récompense la parole du larron en lui disant : « Aujourd'hui, tu seras avec moi au Paradis. »

Il me semble qu'on peut relire le chapitre 10 de Matthieu comme une autobiographie de Jésus car il enseigne ce qu'il fait et fait ce qu'il enseigne. La mission, je le répète, consiste à être comme lui. Comme lui, envoyé par le Père.

Comme lui, avec sa destinée, ses échecs et ses succès, avec la participation à sa gloire et à sa joie.

Un modèle d'exhortation morale

Voici un autre passage de la lettre de l'apôtre Paul à Tite : il nous offre une manière de réfléchir à ce qu'est la « saine doctrine ».

« Enseigne ce qui est conforme à la saine doctrine. Que les vieillards soient sobres, dignes, pondérés, robustes dans la foi, la charité, la constance. Que pareillement les femmes âgées aient le comportement qui sied à des saintes : ni médisantes, ni adonnées au vin, mais de bon conseil ; ainsi elles apprendront aux jeunes femmes à aimer leur mari et leurs enfants ; à être réservées, chastes, femmes d'intérieur, bonnes, soumises à leur mari, en sorte que la parole de Dieu ne soit pas blasphémée. Exhorte également les jeunes gens à garder en tout la pondération, offrant en ta personne un exemple de bonne conduite : pureté de doctrine, dignité, enseignement sain, irréprochable, afin que l'adversaire, ne pouvant dire aucun mal de vous, soit rempli de confusion.

Car la grâce de Dieu, source de salut pour tous les hommes, s'est manifestée, nous enseignant à renoncer à l'impiété et aux convoitises de ce monde, pour vivre en ce siècle présent dans la réserve, la justice et la piété, "attendant la bienheureuse espérance et l'apparition de la gloire de notre grand Seigneur et Sauveur, le Christ Jésus" qui s'est livré pour nous afin de nous racheter de toute iniquité et de purifier un peuple qui lui appartienne en propre, zélé pour le bien » (2,1-8. 11-14).

L'apôtre nous donne l'exemple de l'exhortation morale : il part du comportement et atteint les racines même de l'agir moral du chrétien. Il se tient un peu à égale distance entre l'exhortation morale typiquement paulinienne qui va de la grâce au comportement, et l'exhortation morale de Matthieu pour qui le comportement révèle déjà le Royaume. Ici, l'accent est légèrement déplacé.

Ce sont surtout et le comportement et ses racines théologiques profondes qui sont exprimés. Il est clair que les textes du Nouveau Testament présentent différentes formes d'exhortation morale. Il arrive que cette diversité existe chez un même auteur, comme c'est le cas de Paul. Reste cependant toujours présente cette caractéristique à savoir que l'exhortation manifeste une grande expérience de vie qui, à son tour, dévoile le mystère du Père en Jésus le Christ.

Dans le passage que nous avons lu, l'exhortation est focalisée sur la « saine doctrine ». S'adressant à Tite, Paul lui dit : « Enseigne ce qui est conforme à la saine doctrine », une doctrine — pratique de vie évangélique. Il en fait l'application aux vieillards, aux femmes âgées, aux jeunes femmes, et à tous les plus jeunes.

Les adjectifs et les expressions employés (sobres, dignes, pondérés ; robustes dans la foi, la charité et la constance ; ni médisantes, ni adonnées au vin mais de bon conseil...) montrent qu'il s'agit de comportements simples, quotidiens, très familiers, et possibles. Nous noterons aussi qu'ils expriment ce que dit le Discours sur la montagne. Cela signifie que celui-ci peut nous paraître dur mais quand il est dit avec les mots du quotidien, comme le fait Paul, il devient raisonnable.

Nous en retirons une forte impression de noblesse, de dignité, d'amour de la paix, de miséricorde et de pureté. En d'autres termes, nous le considérons comme une belle manière de vivre, humainement compréhensible parce que riche de sens. Tous les efforts accomplis par les Écrits du Nouveau Testament pour détailler et concrétiser le

Discours sur la montagne montrent qu'il prône une vie sociale véritable, digne et active.

Si l'aspect moral de ce discours est à certains égards théologique (c'est le Royaume qui surgit ; c'est l'Esprit Saint qui transforme le cœur) et, comme tel, difficile à accepter de la part de l'homme moderne, toutefois, les fruits de ce Royaume : bonté, justice, fidélité, douceur et paix, sont pour lui désirables.

Personne ne peut soutenir qu'ils sont faux, non raisonnables. Aussi, nous pouvons admirer les efforts que Paul fait pour transmettre ce discours à ses contemporains et pour essayer de le vivre.

La raison théologique de notre manière de vivre et d'enseigner

« Exhorte également les jeunes gens à garder en tout la pondération, offrant en ta personne un exemple de bonne conduite : pureté de doctrine, dignité, enseignement sain et irréprochable » (v. 7,8). Toi, Tite, tu es celui en qui la communauté se reconnaît. C'est à partir de ta manière de vivre que les autres comprennent ce qu'est vivre selon le bien, mener une existence honnête et sérieuse.

Cela aussi est une invitation pressante pour nous. Nous devons témoigner, nous les premiers, de l'Esprit des béatitudes par nos attitudes et notre style de vie. Dans le cas contraire, notre prédication est peu utile. Le discours le plus important et le plus engageant, c'est notre exemple.

Voilà pourquoi Paul insiste en finale sur *le fondement théologique* de tout ce qu'il a dit, en une phrase très dense qui mérite d'être approfondie : « La grâce de Dieu, source de salut pour tous les hommes, s'est manifestée, nous enseignant à renoncer à l'impiété et aux convoitises de ce monde, pour vivre en ce siècle présent dans la réserve, la justice et la piété, attendant la bienheureuse espérance et l'apparition de la gloire de notre grand Dieu et Sauveur, le Christ Jésus » (v. 11 à 13).

D'abord, Dieu Père, par sa grâce, nous donne le salut.

Puis de cette affirmation découlent les conséquences morales : renoncer à l'impiété et vivre en enfants de Dieu. Enfin, de l'horizon arrive la bienheureuse espérance. Tout le discours moral comme la foi, l'espérance et la charité se réfère à la *personne* de Jésus : « Il s'est donné lui-même pour nous, afin de nous racheter de toute iniquité et de purifier un peuple qui lui appartienne en propre, zélé pour le bien » (v. 14).

Jésus est la source de toute la moralité. Il guérit notre manière de vivre. L'expression « il s'est donné lui-même pour nous » concerne aussi l'Eucharistie : par elle le Crucifié ressuscité continue à nous racheter, il fait de nous un peuple qui vit le Discours sur la montagne.

La première lettre que le Cardinal Ferrari adresse de Côme au diocèse de Milan lors de son élection souligne aussi l'importance de ce fondement théologique : « Je viens à vous avec la même mission que Dieu confia à son Fils unique afin qu'il nous sauve de toute iniquité et fasse de nous un peuple pur, digne et zélé en œuvres de bien. »

Seigneur, nous qui te recevons dans la Sainte Eucharistie, donne-nous de voir notre mission comme faisant partie du don que tu as fait de toi-même, pour un peuple qui t'appartienne. Jésus, fais que chacun de nous et tous ensemble nous puissions t'appartenir, à toi seul.

4

Comment vivons-nous le discours missionnaire ?

Dans ce chapitre, poursuivant notre réflexion, nous nous référons toujours au chapitre 10 de l'Évangile de Matthieu. Nous examinerons plus longuement comment chacun de nous vit le discours missionnaire.

> *Seigneur, donne-nous le courage de nous examiner en vérité, de reconnaître que nous sommes très loin de l'idéal que tu nous proposes, de nous sentir, chacun et tous ensemble, impliqués par tes paroles. Donne-nous de suivre sereinement et en paix le chemin que tu traces devant nous car nous désirons marcher, en ayant confiance en toi qui nous as appelé, et toujours nous appelles.*

Pour entrer plus facilement dans ce thème, essayons de comprendre de quelles manières le Cardinal Ferrari vivait la mission et comment « Pastores dabo vobis » la présente.

COMMENT LE CARDINAL FERRARI A-T-IL VÉCU LE DISCOURS DE LA MISSION

Je ne suis pas particulièrement compétent en ce qui concerne la vie de cet archevêque. Je me limiterai donc à rappeler trois passages du chapitre 10 de l'Évangile de Matthieu qui éclairent son expérience missionnaire.

1. Jésus dit : « Priez le maître de la moisson d'envoyer des ouvriers à sa moisson » (Mt 9,38). Puis il parle de l'esprit nécessaire à l'exercice de ce ministère : nous sommes envoyés par le Père qui possède le champ de blé et nous le confie. Dans Matthieu (10,1) c'est Jésus qui, au nom du Maître de la moisson, appelle les Douze et leur donne le pouvoir de chasser les démons et de guérir toutes sortes de maladies.

Le Cardinal Ferrari avait un sens très aigu de son ministère, il avait le sentiment d'avoir reçu une mission et un pouvoir apostoliques au point d'en faire la ligne directrice de toutes ses activités. Il voyait dans l'*apostolicum ministerium* c'est-à-dire dans le ministère épiscopal la fonction première et fondatrice de l'Église. Par l'exercice de son pouvoir, l'évêque transmet à l'humanité les dons surnaturels du salut que le Père lui a destinés par le Christ et rassemble dans l'unité ecclésiale tous ceux qui les reçoivent.

Il assure ainsi dans l'Église à la fois la continuité de la mission salvifique du Fils et la fonction nécessaire de l'autorité » (Giuseppe Ponzini).

Le même auteur fait encore référence aux écrits du Cardinal Ferrari. « Dans ces écrits pastoraux, dit-il, Ferrari fait une large place à son expérience intérieure d'évêque. L'angle de vue à partir duquel il considère le mystère de l'Église et parle de ses composants, est toujours celui du ministère épiscopal et par conséquent celui de la continuité de la mission apostolique. Il définit les prêtres et les laïcs par leur relation au ministère épiscopal entendu comme mission. »

Il serait intéressant d'approfondir ce thème. On comprend facilement ce qu'il dit des prêtres : ils forment un presbytérium unique, ils participent à l'unique mission de l'évêque, mission que celui-ci incarne pleinement. Mais qu'est-ce que le Cardinal Ferrari entend par participation des laïcs au ministère épiscopal ? Il pense — mais je ne puis l'affirmer avec certitude — que le ministère spécifique du laïcat consiste à faire la communauté. C'était sa conception de l'action catholique.

Ponzini poursuit : « Dans cette perspective, par conséquent, toute l'Église participe à la mission du Christ ; elle devient Église-mission, acquérant un dynamisme apostolique particulier. » Le ministère orienté vers le monde, celui qui fait sortir de chez soi, qui fait accueillir l'amour salvifique et bienveillant de Jésus Rédempteur, le Cardinal Ferrari « le vivait » de manière emblématique lors de ses visites pastorales.

Je vois une certaine affinité entre le ministère itinérant décrit par Matthieu au chapitre 10 (aller tout alentour pour libérer, saluer, porter la paix et la présence du Seigneur) et les visites pastorales du Cardinal Ferrari : il pensait qu'elles étaient de première importance ; il en soulignait la valeur théologique.

En réfléchissant aux pages que les biographes consacrent à sa vie pastorale, je me suis aperçu que l'archevêque la fonde sur des arguments d'ordre théologique.

En annonçant sa première visite à Milan en 1895, il écrivait : « Jésus vint et déclara qu'il était le Bon Pasteur. Mais il refusa de voir sa visite pastorale se terminer avec sa mort. »

Avant de monter au ciel, glorieux, il dit à ses apôtres

(c'est sur eux qu'il a fait reposer son œuvre impérissable de Rédemption) : « Comme mon Père m'a envoyé, moi aussi, je vous envoie. Tout pouvoir m'a été donné au ciel et sur la terre. Allez donc, enseignez à toutes les nations. » C'est ainsi qu'a vécu et que vivra le premier des pasteurs. Il vit dans les évêques qui succèdent aux apôtres. Par eux, il continue sa visite au peuple qu'il a racheté. Par conséquent, qu'est-ce que la visite pastorale de l'évêque sinon la continuation et l'extension de la visite de Jésus-Christ ! Si l'évêque représente la personne même du Dieu rédempteur, alors comment la visite pastorale ne serait-elle pas son devoir principal d'évêque ?

Dans une lettre de 1910, à l'occasion des fêtes anniversaires de saint Charles, intitulée « Entre le synode et la visite pastorale », le Cardinal Ferrari demande aux fidèles de voir dans l'évêque qui vient le Seigneur qui vient, de considérer sa visite à la lumière de la foi. « Quand je me prosternerai pour baiser le crucifix, je reconnaîtrai dans le sang qui sort de ses plaies très saintes le prix de vos âmes pour lesquelles je devrai être prêt à donner ma propre vie. » Je relie encore cette parole à celle de l'Évangile que j'ai déjà citée dans la précédente méditation : « Qui perdra sa vie à cause de moi la trouvera » (Mt 10,39).

2. Le discours missionnaire met en lumière un second aspect du ministère du Cardinal Ferrari. En effet, il y est écrit : « Voici que je vous envoie comme des brebis au milieu des loups » (Mt 10,16). Le cardinal avait très nettement conscience que le ministère est dangereux, qu'il est l'objet d'oppositions, d'insultes, d'injures et de dénonciations.

« N'étant pas encore évêque, écrivait-il, j'étais persuadé que l'épiscopat est un véritable "abîme de tracas". Une fois évêque, j'en ai fait l'expérience et plus encore... Celui qui n'est pas évêque et veut parler des soucis de l'évêque, dit équivalemment Jean Chrysostome, est comme celui qui veut parler de guerre alors qu'il est hors du champ de bataille. Seul celui qui est sur le terrain et combat peut bien parler de la guerre. Ainsi, seul celui qui est évêque, peut parler des peines et des soucis de l'évêque. »

« Abîme de tracas », abîme de malheurs, mer de souffrances et de chagrins, voilà ce qu'il a dû supporter, ce qui fait partie du ministère apostolique comme le dit le chapitre 10 de l'Évangile de Matthieu.

Je me suis demandé, sans toutefois trouver la réponse, pourquoi Matthieu, à la différence de Marc et de Luc qui consacrent peu de versets à l'enseignement missionnaire, a développé ainsi le thème d'une mission difficile.

La vie du Cardinal Ferrari donne une réponse concrète. Son ministère, en effet, résonne des paroles de Jésus : soyez des brebis au milieu des loups ; méfiez-vous des hommes, ils vous livreront ; ne vous préoccupez pas de ce que vous allez dire ; n'ayez pas peur. Mais qu'entendait-il quand il parlait d'un « abîme de tracas » ?

Voici des faits variés relatifs à la vie interne et externe de l'Église.

Son action pastorale a été controversée. On a l'impression que, pour lui, tout allait mal. Il a été contesté par des prêtres célèbres qui étaient écoutés à Rome et dans toute l'Italie et dont il connaissait les noms. Contesté aussi à l'intérieur de son presbytérium. Il dut défendre plusieurs fois sa manière de faire, ses visites pastorales : on lui reprochait d'y passer trop de temps. Au milieu de tant de souffrances, il se demandait : suis-je dans le droit chemin ? ne suis-je pas dans l'erreur ?

En second lieu, ses écrits et ses paroles font part de l'hostilité de la société ; une société plus hostile que celle d'aujourd'hui d'une certaine manière : laïcisme, socialisme, franc-maçonnerie l'attaquaient. Il suffit de penser aux interdictions des processions, aux limitations de son ministère, aux froideurs des autorités. Il avait le sentiment d'une conjuration qui empêchait l'Église de s'exprimer publiquement et il s'en attristait.

Autour de lui, les chrétiens étaient divisés, dressés les uns contre les autres : rosminiens contre néothomistes, conciliaires contre intransigeants, modernistes contre antimodernistes. Il cherchait la voie juste. Nous la connaissons, aujourd'hui, mais à l'époque, il y a une centaine d'années ! En lisant les documents d'alors, on s'aperçoit que le Cardinal Ferrari regardait à droite et à gauche, s'efforçant de redresser le tir car il était très difficile d'agir dans des circonstances aussi tumultueuses quand chacun clamait qu'il avait raison, quand chacun voulait avoir l'Évêque dans son camp.

Une autre raison de cet « abîme de tracas », c'est que le Cardinal Ferrari, pourtant de tempérament apparemment robuste et courageux, était en réalité très sensible.

Un des moments culminants de ses épreuves intérieures et extérieures, ce fut quand on le soupçonna d'infidélité au Pape, soupçons qui le blessèrent très douloureusement.

Il n'est pas possible d'en dire davantage, mais tout ce que j'ai dit suffit pour penser que s'applique à lui aussi la parole de Paul : « Du dehors, tribulations et oppositions ; du dedans, craintes et inquiétudes. »

Cela, je crois, le situe par rapport au discours missionnaire. C'est un homme qui a vécu comme une brebis au milieu des loups, par conséquent conformément à l'Évangile.

Il a eu une vive conscience de l'hostilité que suscitait son ministère. Le Seigneur lui a donné la grâce de voir dans ces difficultés la venue du Royaume car c'est ainsi, selon l'Évangile de Matthieu, que « vient le Royaume ». Il ne vient pas malgré les contestations, mais au cœur de celles-ci.

Voilà pourquoi le Cardinal Ferrari éprouvait de la joie à dire : je suis bien à ma place, le Seigneur me réconforte. Ce que je vis n'est pas seulement la conséquence de mes erreurs ou de mon manque de préparation — il éprouvait certainement tout cela en se confrontant à un monde extrêmement complexe, sophistiqué — c'est aussi la manière d'être fidèle à l'Évangile de Jésus Christ.

3. Le dernier aspect de son ministère mis en relief par le discours missionnaire est le *don de sa vie.* « Qui aura trouvé sa vie la perdra : qui l'aura perdue à cause de moi la trouvera » (Mt 10,39).

Je reprends une fois encore ce verset, d'ailleurs fondamental, pour le mettre en parallèle avec un passage de l'archevêque Ferrari, extrait de sa première « Lettre au clergé et au peuple de Milan adressée de Côme » (1894). « Je serai au milieu de vous pour la durée que Dieu m'accordera de vivre là-bas, j'y serai comme la mère serre ses enfants sur son sein. J'y serai pour vous aimer tendrement et avec l'ardent désir de vous donner non seulement l'Évangile de Dieu mais aussi ma vie » [...].

L'évêque pourrait-il parler autrement, lui qui sait être fait plus pour mourir que vivre ? Je viendrai donc à vous et avec l'aide de Dieu, je travaillerai dur pour que vous ayez la grâce de Dieu.

Je combattrai pour votre dignité, je veillerai à votre paix, je me sacrifierai pour votre salut et je mourrai pour que vous viviez. »

Le thème de la mort apparaît trois fois dans cette lettre dans laquelle il dit ce que sera son ministère. C'est ce que le Seigneur lui demande de vivre lors de sa dernière maladie. Il dira alors qu'il se sent réconforté par les prières des fidèles qui l'ont déjà aidé à surmonter les terribles moments dont nous avons parlé. « Quel soulagement vos prières procurent à mon âme, écrit-il, spécialement pour conserver la patience et la résignation. Comment aurais-je pu espérer si fortement, si vos prières n'avaient obtenu une grâce aussi grande pour moi ! »

Une autre parole nous fait entrer dans l'angoisse du don de la vie. « Si Dieu ne nous soutenait pas à l'heure de l'angoisse, nous ne serions pas capables de la supporter. »

Comme disait l'apôtre Paul : « Nous avons été chargés au-delà de toute mesure, au-delà de nos forces. Mais celui qui console les humbles, nous console » (*id.*).

Il est beau de penser à la grâce qu'il a reçue du Seigneur, la grâce de persévérance. Il a fait l'expérience de la répugnance, de l'horreur, du dégoût face à la maladie grave, à la perte de la voix, à l'impossibilité de s'exprimer, face à l'étouffement progressif qui l'oppressait. Il a éprouvé la révolte de la chair, et par conséquent aussi toute la puissance de la grâce. Aujourd'hui, il implore pour nous cette grâce qu'humainement nous ne pouvons espérer : elle nous est donnée seulement par la miséricorde du Christ ressuscité.

LE DISCOURS MISSIONNAIRE ET *PASTORES DABO VOBIS*

Il est difficile de s'orienter dans l'exhortation apostolique « Pastore dabo vobis » car il s'agit en réalité d'un texte inépuisable.

Le paragraphe 12 fait écho au thème du verset 1 du chapitre 10 de l'Évangile de Matthieu. « Le prêtre, dit-elle, en raison de la consécration qu'il reçoit par le sacrement de l'Ordre, est envoyé par le Père par l'intermédiaire du Christ Jésus auquel comme chef et pasteur de son peuple, il est configuré de manière particulière, pour vivre et œuvrer avec la force de l'Esprit Saint au service de l'Église et pour le salut du monde. » Cette formule théologique très synthétique définit le prêtre comme un centre de relations. « On peut comprendre ainsi le caractère essentiellement relationnel de l'identité du prêtre, insiste-t-elle encore. Par le sacerdoce qui jaillit des profondeurs de l'ineffable mystère de Dieu ou de l'amour du Père, de la grâce de Jésus Christ et du don de l'unité de l'Esprit Saint, le prêtre est inséré sacramentellement dans la communion avec l'Évêque et les autres prêtres, pour servir le peuple de Dieu qui est l'Église et pour attirer tous les hommes au Christ. » Cette formule, dense, rappelle bien quelques-uns des aspects développés par Matthieu au chapitre 10.

Le paragraphe 25 traite aussi du ministère. « Il est essentiel pour la vie spirituelle qui se vit dans l'exercice du ministère que le prêtre renouvelle constamment et approfondisse toujours davantage sa conscience d'être ministre de Jésus-Christ. » Elle présente donc l'exercice du ministère en relation avec Jésus et comme médiation du Seigneur. Elle décrit ce que les apôtres sont appelés à faire comme au chapitre 10 de l'Évangile de Matthieu, pour annoncer la Bonne nouvelle de Jésus et préparer les cœurs à la recevoir.

Le paragraphe 73 redit le contenu des deux premiers grands discours de Matthieu sur « l'agir du cœur » et « l'action missionnaire ». Il souligne que l'Évangile doit être vécu pour être compris. La vérité est à faire. Saint Jacques nous avertit : « Soyez de ceux qui mettent la parole en pratique et pas seulement de ceux qui écoutent en vous illusionnant vous-mêmes. » Les prêtres doivent « faire la vérité » de leur être, vivre « dans la charité » leur identité et leur ministère dans et pour l'Église.

J'ai pensé vous signaler quelques passages du chapitre 10 : ils vous aideront à répondre personnellement à cette question. Je conclurai ensuite par une réflexion plus globale, une sorte de prière de lamentation : Seigneur, pourquoi veux-tu que nous nous confrontions à un discours qui nous confond et nous trouble ?

Texte de Matthieu 10

On peut faire un très bon examen de conscience grâce aux versets 8b et 9 : « Vous avez reçu gratuitement, donnez donc gratuitement. Ne vous procurez ni or ni argent ni menue monnaie pour vos ceintures, ni besace pour la route ni deux tuniques ni sandales ni bâton. »

Au-delà du contexte historique de ce premier envoi et par conséquent au-delà des contingences du discours, reste un enseignement fondamental : la gratuité, la liberté et la générosité de la mission.

Grâce à Dieu, notre clergé témoigne d'une vraie générosité, d'un don non professionnel mais total par le ministère, d'un désintérêt pour l'enrichissement personnel, de la joie d'être au milieu des gens, de l'attention aux pauvres.

Nous devons toutefois rester vigilants pour éviter les défauts contraires. Nous devons veiller en particulier à l'âge qui avance. Il est plus facile d'être désintéressé quand on est jeune.

Avec les ans, et peut-être quand survient quelque ennui de santé, quelque maladie, on se préoccupe davantage de soi, de l'avenir. Avec les ans, s'accroît l'intérêt pour les choses qui nous sont chères : les livres, les meubles que nous avons. Un plus grand nombre de meubles peut réduire notre mobilité.

Comment changer de poste si le nouveau logement n'est pas assez grand pour recevoir tout ce que j'ai ?

Il vaut la peine alors de relire les paroles de Jésus : ni besace ni deux tuniques ni sandales. Le danger d'enrichissement concerne les prêtres et aussi les religieux. Je me souviens qu'au noviciat on nous présentait le cas de celui qui pour passer d'une maison à une autre avait besoin d'un train entier. Il s'agit d'une tendance innée en chacun de nous. Les souvenirs nous sont chers et utiles. Ils ne doivent cependant pas amoindrir ce qui fut le geste généreux du don de soi, ni réduire la liberté et la mobilité comme valeurs évangéliques.

« Voici, je vous envoie comme des brebis au milieu des loups » (v. 16). C'est là une invitation à ne pas se lamenter sur « notre temps », comme si Jésus n'avait pas envoyé ses disciples comme des brebis au milieu des loups, comme si les conditions difficiles de l'Église d'aujourd'hui étaient quelque chose de nouveau. Non ! Le ministère implique les oppositions. Jésus, dès le début, avertit ses disciples : les contrariétés sont un des signes du Royaume, une manière par laquelle le Royaume arrive, par laquelle s'accomplit l'œuvre de l'Esprit Saint.

C'est une illusion de penser que l'on fera mieux quand les temps seront meilleurs ! Car les temps ont toujours été ainsi même si les circonstances et les conditions historiques ont été différentes. Le ministère est, par nature, contesté. Il est vécu dans un climat d'hostilité.

Ce n'est pas par hasard si la grâce le nourrit, s'il est signe de la puissance du Royaume de Dieu.

« Lorsqu'on vous livrera, ne cherchez pas avec inquiétude comment parler ou que dire. Ce que vous aurez à dire, vous sera donné sur le moment car ce n'est pas vous qui parlerez, mais l'Esprit de votre Père qui parlera en vous » (v. 19,20). Le défaut qui s'oppose à cette affirmation est l'inquiétude excessive pour le ministère lui-même. Jésus exhorte ses amis : ne vous préoccupez pas même dans les situations les plus délicates, quand il faut mesurer les paroles, les moyens, les silences, les réponses. Ne vous préoccupez pas !

Les moyens matériels sont nécessaires à la pastorale mais le Seigneur ne veut pas que nous versions dans l'inquiétude, l'inquiétude si contraire au discours sur la montagne et au discours missionnaire. Il vous demande de vivre, toujours et quoi qu'il en soit, simplement et librement. C'est là son miracle : l'Esprit Saint précisément se manifeste dans cet abandon à Dieu, quand les moyens manquent et que les conditions sont défavorables.

« Soyez sans crainte ! Vous valez mieux, vous, qu'une multitude de passereaux » (v. 31). Le défaut contraire à ce que dit ce verset et à ce qui a été noté à propos du verset 16 est une sorte de *pessimismes d'époque* : on dit que tout va mal autour de nous, dans l'Église et dans la société. C'est peut-être vrai mais le savoir ne doit pas devenir un programme à mettre sur ordinateur, le programme que j'appellerai « L », Lamentation. Les passereaux ne sont ni peureux ni préoccupés. Si nous, nous le sommes, cela signifie que nous ne vivons pas la venue du Royaume, que le Royaume ne surgit pas encore en nous.

La dernière réflexion me vient des versets 40 à 42. « Qui vous accueille m'accueille. Et qui m'accueille, accueille Celui qui m'a envoyé. Qui accueille un prophète en tant que prophète recevra une récompense de juste. Quiconque donnera à boire à l'un de ces petits rien qu'un verre d'eau fraîche, en tant qu'il est un disciple, en vérité je vous le dis, il ne perdra pas sa récompense. »

Ce qui me frappe, c'est que même les plus petits gestes entraînent la reconnaissance. Sommes-nous atteints par l'ingratitude ? Si oui, alors nous sommes appelés à apprendre la gratitude, à voir le bien qui arrive en nous et chez les autres, le bien que le Seigneur fait en nous et celui que les autres nous font. C'est par cette gratitude que l'apôtre Paul commence toutes ses lettres sauf une. Il avait très fortement chevillé au cœur ce sentiment qui est précisément le signe de l'Évangile vécu, qui révèle des yeux ouverts sur le mystère du Royaume.

Je voudrais citer encore un passage de la « Lettre-testament » du Cardinal Ferrari, très riche en gratitude : il était mourant.

« Chers frères et fils, que Dieu vous soit reconnaissant pour l'affection que vous m'avez témoignée pendant les vingt-six ans que j'ai vécus parmi vous mais particulièrement pour la charité que vous avez eue à mon égard pendant ces derniers jours. Je vous remercie pour vos témoignages de foi... Je vous ai regardés (il fait allusion à ceux qui sont venu le voir). Je vous ai bénis. Je lisais dans vos yeux la seule parole qui puisse se dire entre un père mourant et ses enfants. Cela me réjouissait à la pensée qu'il pouvait en résulter la gloire de Dieu et un peu de bien pour les âmes. »

Le Cardinal Ferrari avait compris qu'une des paroles évangéliques fondamentales est le sens de la gratitude, liée au sens de la joie, de la sérénité intérieure, à la capacité de voir le bien qui se fait autour de soi et le bien qui nous est fait. Est-ce que je remercie volontiers ? Ne vois-je pas toujours ce que les gens ne font pas et rarement ce qu'ils font ?

Je voudrais conclure par un propos global et sincère, tourné vers le Seigneur. En effet, après la méditation précédente, je me suis trouvé avec cette question brûlante : aujourd'hui, que faisons-nous du discours missionnaire ? J'ai imaginé poser la question à Jésus et écouter sa réponse.

Je vous livre ce dialogue.

— Seigneur, ce que tu as dit à tes disciples nous coupe le souffle, si grande est la distance entre tes paroles et nos manières de penser, nos apparats, nos bilans et nos complications ! Où en sommes-nous ? Que veux-tu de nous ?

Nous le savons bien, Seigneur, il ne faut pas prendre tout ce discours à la lettre. Tu l'as dit toi-même : l'envoi missionnaire concernait Israël, par conséquent la première annonce qui précédait ta venue dans les villages. Tu as dit toi-même avant la passion (je me réfère à l'évangéliste Luc) : « Quand je vous ai envoyé sans bourse ni besace ni sandale, avez-vous manqué de quelque chose ? De rien, dirent-ils. Et il leur dit : Mais, maintenant, que celui qui a une bourse la prenne, de même celui qui a une besace » (Lc 22,35). Tu as donc prévu des manières différentes d'exercer la mission : des temps sans besace, et d'autres avec besace ; des temps sans bâton, et d'autres avec bâton. Il reste cependant que les règles générales du discours sont ce qu'elles sont et que nous en sommes loin.

Vous n'êtes pas très éloignés de l'hostilité que je vous ai annoncée. Certains ne vous accueillent pas. D'autres ne prêtent pas l'oreille à vos paroles. D'autres encore vous citent devant les tribunaux et vous poursuivent comme cela est arrivé fréquemment dans les pays de l'Est. Ne vous tenez donc pas loin de mon discours ! L'histoire contemporaine de l'Église le prouve.

Oui, ça va ! La résistance et la persécution me rassurent et me confirment presque dans l'orientation épiscopale que j'ai choisie : « Pour la Vérité, aimer la contradiction. » Toutefois, en toute sincérité, je crains que nous soyons souvent contredits non pas parce que nous sommes proches de toi mais bien plutôt parce que nous, nous sommes loin de la gratuité, de la simplicité, de la pauvreté et de la franchise que tu demandes dans le discours missionnaire et que tu as vécus.

Notre crainte — elle nous tourmente — est d'être repoussés non parce que nous sommes tes disciples, mais parce que nous ne le sommes pas. Le flair des gens sincères et croyants, et plus encore celui de ceux qui « sont loin » et qui néanmoins éprouvent un désir d'authenticité, ne nous reconnaît pas comme étant des tiens. Cela nous tourmente et nous fait beaucoup souffrir.

Ce tourment est salutaire, purificateur et nécessaire. Voilà pourquoi j'ai voulu que soient consignées ces pages d'Évangile et qu'elles soient toujours un aiguillon, une incitation.

Bon ! Le discours missionnaire est un aiguillon mais enfin que veux-tu de nous ? Que nous soyons aiguillonnés, et alors ? Que veux-tu nous dire ? Tu veux peut-être que nous abandonnions tout ce que nous avons mis sur pieds ? Tout ce que nos pères ont construit ? Veux-tu que nous repartions à zéro ? Au fond, ce serait plus simple.

Nous devrions assurément abandonner beaucoup de sécurités, et aussi beaucoup de soucis, de préoccupations, de superstructures qui pèsent sur nous, de lourdeurs que nous sentons quelque peu étrangères à ce pourquoi nous avons décidé de te suivre, Seigneur.

Tu le sais bien, Seigneur, ce n'est pas nous qui avons créé toutes ces structures. Nous n'avons fait autre chose que reconduire ce que nous avons trouvé. Nous n'avons fait autre chose que développer l'héritage pastoral et structurel qui nous a été transmis depuis des siècles. Au fond, Seigneur, tu sais combien il est lourd d'avoir à faire ce que nous devons faire : avancer sur des strates archéologiques dont certaines cachent peut-être quelques trésors qu'il faut préserver. Il est dur d'avoir à gérer tant de monuments historiques, d'églises, d'œuvres artistiques, des habitudes codifiées en lois canoniques et civiles. Il est lourd de devoir trouver de l'argent pour tout cela ; de devoir payer l'entretien, les assurances, les restaurations, de pourvoir à la construction de nouvelles églises... Heureux tes apôtres qui allaient sans sac ni besace ! Ils avaient beaucoup moins de soucis que nous. Ils pouvaient s'adonner pleinement à l'évangélisation. Jésus, il semble que nous sommes souvent des managers, des fonctionnaires, des chefs d'entreprise, comme le disait le Cardinal Schuster : des « commissionnaires ».

Mes paroles ont fortement provoqué le Seigneur, il s'est senti remis en question.

> *Je vous comprends parfaitement. Déjà le Cardinal Ferrari trouvait que tout cela était très lourd, qu'il en coûtait de devoir porter à la fois les préoccupations missionnaires et les fatigues dues à la gestion de ces innombrables choses. Il considérait cela comme un tourment, comme « un abîme de tracas ». C'est pourquoi mes paroles ne veulent pas être un souci, un fardeau de plus. Elles ne veulent pas culpabiliser, être sans effets positifs. S'il n'en était pas ainsi, vous seriez en contradiction avec ce que j'ai proclamé sur la montagne : « Ne vous inquiétez pas... Dieu a soin de vous » !*

Mais alors, Jésus, quel sens ont tes paroles aujourd'hui ? Que veulent-elles dire après vingt siècles d'histoire de l'Église ?

D'une Église qui, en Occident, est tellement entrée dans la vie civile, sociale et artistique qu'elle s'est presque confondue de mille manières avec les traditions historiques et culturelles des gens ?

Je vous rappelle fréquemment ce que je vous ai déjà dit car il est très important pour vous de ne pas tout jeter à l'eau et de vouloir recommencer à zéro. Ce serait trop facile ! Ce serait nier toute une histoire de sainteté et de don. Il faut, au contraire, bien distinguer l'essentiel de l'accessoire, l'écorce de la substance. Vous êtes appelés à discerner, et non à larguer. Le Royaume de Dieu est là quand un pasteur de votre monde occidental, sans renier les traditions nées grâce à de nombreux sacrifices, vit au milieu des responsabilités et charges quotidiennes avec un cœur simple et paisible, en traitant quelques affaires seulement avec la vigueur de la main droite et beaucoup d'autres avec le petit doigt de la main gauche.

Cette paix au milieu des complications, cette tranquillité au milieu des multiples soucis de chaque jour, cette sérénité intérieure qui fait distinguer ce pour quoi il faut vraiment se préoccuper de ce qu'il faut tolérer ou supporter est un miracle de l'Esprit Saint, le signe que le Royaume de Dieu est arrivé même dans ton petit monde, le signe que les gens d'une époque aussi compliquée que la tienne attendent quelque chose de toi.

Certes, le témoignage des ermites et des pénitents qui marchent pieds nus et font de l'auto-stop par esprit de pauvreté est bon. Cependant les gens veulent comprendre comment on peut servir Dieu avec un cœur serein au milieu des événements confus de tous les jours, au milieu des problèmes de travail, de famille et de santé. Tout semble si terriblement compliqué ! Celui qui mène une vie trop simple témoigne du but sans doute mais ne dit rien de la vie. A toi, il est demandé d'aider les gens à comprendre comment on peut vivre en enfants de Dieu, avec un esprit filial et confiant, au milieu des contradictions de notre société.

Aussi, j'ai permis que même les conditions du ministère soient un peu compliquées et qu'existe un certain sens de la distance par rapport au chapitre 10 de l'Évangile de Matthieu. Distance que tu ne dois pas éliminer mais que tu dois garder pour être capable de découvrir le fétu de paille d'or, l'essentiel, au milieu de la meule des choses qui seront brûlées un jour.

Sois le témoin de l'essentiel ! Applique-toi à être celui qui chaque jour discerne l'essentiel sans mépriser l'accessoire et le contingent mais en les mettant au service de l'essentiel de l'Évangile. Tel sera le signe que mon Esprit Saint sera en train d'œuvrer en toi pour l'avènement de mon Royaume.

Mon dialogue avec Jésus se termine là. Vous pourrez le reprendre et lui donner plus d'ampleur.

Quelle est l'Église des Actes des Apôtres (ch. 2), de l'Évangile de Matthieu (ch. 10) que nous voulons construire ?

Je pense en effet que celui-ci doit être lu à cette lumière afin qu'il ne soit pas un poids supplémentaire et ne nous charge pas de fardeaux insupportables comme le faisaient les scribes et les pharisiens auxquels Jésus adressait ses reproches (Mt 23).

Au contraire, que notre règle soit cette parole du Seigneur : « Mon joug est doux et mon fardeau léger » (Mt 11,30).

5

Apprendre à discerner
Matthieu 13

UN DISCOURS EN PARABOLES

Après « l'agir du cœur » et « l'action missionnaire », l'évangéliste Matthieu, au chapitre 13, nous présente un discours en paraboles. A la question : que devons-nous faire pour être sauvés, il répond : apprends à discerner, cherche à comprendre et réfléchis profondément. « Avez-vous compris toutes ces choses ? » demande Jésus (13,51). Il nous répète aujourd'hui : comprenez-vous les temps et les situations où le Royaume de Dieu est en train de surgir ? Avez-vous compris comment il vient ? Avez-vous compris qu'il vient maintenant ? Savez-vous le distinguer de ce qui n'est pas le Royaume ?

Tel est le discernement proposé par le riche et dense chapitre 13. Chaque fois que je le relis, je m'aperçois que les paraboles sont vraiment des « mashal » — pour reprendre le terme hébreu — c'est-à-dire des énigmes. Il y a quelques années, j'ai prêché les Exercices seulement sur le thème : Pourquoi Jésus parlait-il en paraboles ? Mais en réfléchissant avec vous, je m'aperçois de nouveau que ce discours est ardu, difficile à comprendre. Pourquoi donc, Seigneur, as-tu parlé en paraboles et non pas dans un langage direct et clair ? Pourquoi donc as-tu raconté celles-ci et non pas d'autres ? Pourquoi les as-tu expliquées à tes disciples seulement ?

Qu'est-ce qui t'empêchait de parler « ouvertement » aux foules ? Qu'est-ce qui se cachait derrière ta manière de faire ?

A la difficulté de connaître les intentions de Jésus, s'ajoute le fait que les paraboles ont deux mille ans d'âge. Avant de faire partie des évangiles, elles relevaient de la tradition orale des mashal, puis elles ont été rassemblées dans un florilège probablement écrit. Enfin, Matthieu les a insérées dans son texte. Par la suite, elles ont eu une très longue histoire herméneutique. Elles ont été repensées et relues à la lumière de situations et de discernements toujours nouveaux.

Il s'agit par conséquent d'une histoire active (interprétation active, je traduis ainsi l'expression allemande *Wirkungsgeschuchite*) par laquelle le texte est lu soit dans sa signification d'origine soit dans celle de l'évangéliste soit encore dans celle que l'Église a vécue et que la tradition a transmise jusqu'à nos jours. Histoire extraordinaire et toujours en cours parce que nous-mêmes nous relisons des événements inédits et difficiles à comprendre, en leur appliquant le discernement des paraboles, en comprenant mieux celles-ci et en percevant leur sens, leur pertinence et leur valeur explosive pour le temps dans lequel nous vivons.

Je voudrais vous offrir une petite graine de moutarde, en cherchant à vous expliquer le chapitre 13 dans son ensemble, et non pas parabole par parabole, et en me demandant : qu'est-ce que le discernement auquel Matthieu nous invite ? Quelle est l'intention de Jésus ? Nous chercherons à appliquer ce thème aux situations concrètes dans lesquelles nous sommes. Je me rends compte que ce discours en paraboles n'est pas facile du tout. Il échappe à toute tentative d'enfermement dans des définitions précises. Aussi j'ai pensé faire précéder sa « lecture » par une question qui peut nous aider.

QUESTION PRÉLIMINAIRE

Dans les discours précédents auxquels nous avons réfléchi, je relève quelques pensées qui concernent la nécessité du discernement. Voici quelques exemples pris dans l'Évangile de Matthieu.

« Personne ne peut servir deux maîtres » (6,24). Il faut donc choisir l'un ou l'autre.

« Ne donnez pas aux chiens ce qui est sacré » (7,6). Il faut donc un jugement, une capacité de discerner les situations.

« Gardez-vous des faux prophètes » (7,15). Sachez comprendre, distinguer ceux qui viennent déguisés en brebis de ceux dont les fruits sont mauvais.

« Écartez-vous de moi, vous qui commettez l'iniquité » (7,23). Il faut voir la présence du mal même chez ceux qui semblent suivre Jésus. Nous trouvons encore l'expression « fauteurs d'iniquité » au verset 41 du chapitre 13. Toujours dans le discours sur la montagne (7,24-27), Jésus distingue celui qui écoute et ne fait pas de celui qui écoute et fait.

Tous ces rappels disent clairement qu'il y a des divisions dans le monde, que la Parole peut provoquer ou la paix ou la condamnation. Ils soulignent donc l'importance du discernement.

Nous avons aussi des indications semblables dans le discours missionnaire. « Je vous envoie comme des brebis au milieu des loups. Soyez donc prudents comme des serpents » (10,16). Regardez bien, observez bien ce qu'il y a autour de vous. « Méfiez-vous des hommes » (10,17) et « Je suis venu opposer l'homme à son père... On aura pour ennemis des gens de sa famille » (10,35). Il y aura des ennemis même dans la famille !

Dès le début, Jésus invite à comprendre le mystère du Royaume en le distinguant de ses contrefaçons ; il invite à ne pas se laisser tromper par « l'esprit du monde ».

Les évocations du discernement sont encore plus vigoureuses dans les chapitres 11 et 12.

Là nous assistons, à travers des récits, à la difficulté de discerner le mystère de Jésus au cœur des conflits qu'il provoque.

Jean-Baptiste lui-même éprouve de la difficulté à voir si Jésus est véritablement le Messie attendu (Mt 11,2). Aux versets 16 et suivants, il s'exclame : « Mais à qui vais-je comparer cette génération ? » Il ne comprend pas, il interprète mal les signes qui lui sont donnés (nous avons joué de la flûte et vous n'avez pas dansé ; nous avons entonné un chant funèbre et vous n'avez pas pleuré). Il confond les signes de joie avec les signes de souffrance parce qu'il n'a pas de repères, il n'a pas de discernement.

Les villes du bord du lac aussi, ne comprennent pas les miracles (11,20). Le verset 25 du chapitre 11 est le passage le plus important pour réfléchir au chapitre 13. Il est écrit. « Je te bénis, Père, Seigneur du ciel et de la terre, d'avoir caché cela aux sages et aux intelligents et de l'avoir révélé aux tout-petits. » Ceux qui croient savoir ne comprennent pas. Ceux qui sont disponibles pour accueillir le mystère comprennent, même s'ils sont petits.

Le discernement n'est pas simplement une vive intelligence, il consiste bien plutôt à recevoir l'esprit de Dieu, la révélation du Père. « Oui, Père, tel a été ton bon plaisir. Tout m'a été remis par mon Père, et nul ne connaît le Fils si ce n'est le Père, et nul ne connaît le Père si ce n'est le Fils et celui à qui le Fils veut bien le révéler » (v. 26-27).

En poursuivant la lecture des chapitres 11 et 12, vous vous apercevrez comment ils préludent à la réflexion systématique et globale résumée dans le chapitre 13. Je voudrais, en effet, vous éviter une erreur de partialité; en choisissant de commenter les discours, il est inévitable de négliger quelque peu les péricopes intermédiaires qui sont pourtant éclairantes car elles unissent les actes de Jésus à ses paroles.

LES VERSETS D'INTRODUCTION

« En ce jour-là, Jésus sortit de la maison et s'assit au bord de la mer. Des foules nombreuses s'assemblèrent auprès de lui, si bien qu'il monta dans une barque et s'assit. Toute la foule se tenait sur le rivage » (13,1-2). Voilà déjà des symboles importants : la mer, la barque, la foule. Il serait intéressant de méditer sur chacun d'eux comme l'a fait la réflexion priante de l'Église, fondée sur l'interprétation rabbinique de ces symboles.

Je veux cependant m'arrêter au verset 3 : « Il leur parla de beaucoup de choses en paraboles. » Ce verset souligne en effet une intention précise du texte de Matthieu. Le verset parallèle, dans Marc, dit : « Il se mit de nouveau à enseigner au bord de la mer » (Mc 4,1). Comment peut-on expliquer la différence ? Matthieu est toujours très attentif à l'emploi des termes.

Avec l'expression « il parle en paraboles » (en grec *élalesen*, en parabolais), il veut signifier que nous ne sommes plus face aux enseignements ou aux commandements du Discours sur la montagne et du discours missionnaire. Il ne s'agit ni de l'enseignement du verset 2 du chapitre 5 : « Prônant alors la parole, il les enseignait disant... *(edidasken)* ; ni de l'enseignement évoqué aux versets 28,29 du chapitre 7 : « Quand Jésus eut achevé ses discours, les foules furent frappées par son enseignement *(didachê)*. En effet, il les enseignait *(didaskon)* comme quelqu'un qui a autorité et non comme les scribes. » Cet enseignement du Royaume a pour visée « l'agir du cœur ».

Ce n'est pas le commandement, ce ne sont pas les préceptes du verset 5 du chapitre 10 : « Jésus envoya les douze avec les instructions suivantes *(parangheilas)* » ou du verset 1 chapitre 11 où, avec un mot grec différent, le sens est le même : « Il advint quand Jésus eut achevé de donner ces consignes à ses douze disciples *(diatasson)*. » La traduction "instructions" est du reste imprécise, parce que le verbe *distasso* signifie donner des indications normatives.

Avec le verset 3 du chapitre 13, l'évangéliste change donc de terme. Il emploie le mot très vague de « parabole ». « Il leur *parla* de beaucoup de choses en paraboles. » Le verbe *laléo* en grec, est constamment employé dans le chapitre.

« Les disciples lui demandent : pourquoi parles-tu en paraboles ? » (v. 10) « C'est pour cela que je leur *parle* en paraboles » (v. 13). « Tout cela, Jésus le dit aux foules en paraboles » (v. 34).

En employant l'expression : « il parlait en paraboles », Matthieu désigne le langage qui sert à révéler le mystère du Royaume. Le discours, allant au-delà de l'enseignement ou du précepte, introduit par des « énigmes » dans le mystère caché de Dieu, caché de toute éternité, et maintenant éclairé par de progressifs dévoilements dont les paraboles font partie. Jésus réalise sa promesse : « Tu as caché cela aux sages et aux intelligents, et tu l'as révélé aux tout-petits » (11,25).

A ce verset, il faut joindre cet autre qui est peut-être la clé du chapitre : « A vous, il a été donné de connaître les mystères du Royaume des cieux, tandis qu'à ces gens-là cela n'a pas été donné » (13,11). Cela a été donné aux petits mais pas aux savants.

Pour montrer que, d'après Matthieu, le discours en paraboles est un discours de révélation : la révélation du mystère du Royaume, je relis en entier les versets 34 et 35 : ils concluent la première partie du chapitre 13 : « Tout cela, Jésus le dit aux foules en paraboles, et il ne leur dit rien sans parabole pour que s'accomplît l'oracle du prophète : j'ouvrirai la bouche pour dire des paraboles, je clamerai des choses cachées depuis la fondation du monde. »

De son côté, Marc écrit : « C'est par un grand nombre de paraboles de ce genre qu'il leur annonçait la Parole, et il ne leur parlait pas sans parabole » (Mc 4,33-34).

Matthieu précise donc au verset 35 : « Pour que s'accomplît l'oracle du prophète... » La citation du « prophète » est en réalité un verset du psaume 78, le verset 2 de ce long psaume sur l'histoire d'Israël qui dit textuellement : « J'ouvre la bouche en paraboles. »

Il s'agissait de sentences rythmées mais pas nécessairement d'« énigmes ». « Je clamerai les choses cachées depuis la fondation du monde », c'est-à-dire depuis les origines d'Israël.

L'évangéliste change donc le texte grec du psaume en employant deux expressions « choses cachées » et « depuis les origines du monde » qui donnent l'explication du discours en paraboles : les paraboles révèlent les mystères de Dieu cachés depuis les origines.

Je voudrais faire remarquer comment un tel langage, adopté par Matthieu, diffère aussi de la version grecque des Septante tandis que nous le retrouvons chez saint Paul. « Ce dont nous parlons (au contraire), c'est d'une sagesse de Dieu, mystérieuse, demeurée cachée, celle que, dès avant les siècles, Dieu a par avance destinée pour notre gloire, celle qu'aucun des princes de ce monde n'a connue — s'ils l'avaient connue, en effet, ils n'auraient pas crucifié le Seigneur de la gloire — mais, selon qu'il écrit, nous annonçons ce que l'œil n'a pas vu, ce que l'oreille n'a pas entendu, ce qui n'est pas montré au cœur de l'homme, tout ce que Dieu a préparé pour ceux qui l'aiment. Car c'est à nous que Dieu l'a révélé par l'Esprit » (1 Co 2,7-10a).

Matthieu affirme : les paraboles révèlent — voilà pourquoi nous pouvons parler de langage apocalyptique — le mystère du Fils de Dieu crucifié à ceux qui l'accueillent, à ceux qui se laissent pénétrer par cette révélation.

J'ai tenté d'exprimer, peut-être sous forme quelque peu fastidieuse, la richesse du chapitre 13. Ces versets d'introduction nous mettent dans de bonnes conditions pour écouter et comprendre les orientations pratiques, pour juger l'époque dans laquelle nous vivons et faire émerger d'elle le mystère éternel caché en Dieu.

LE PLAN DU DISCOURS

Le discours se développe en sept paraboles dont nous pouvons faire deux groupes.

1. Quatre paraboles concernent *le peuple* : le semeur, l'ivraie, la graine de moutarde, le levain. Elles correspondent, à quelques variantes près, à celles de Marc. Nous les

lisons aux versets 3 à 35 et elles se terminent, comme je l'ai déjà indiqué, par la citation du psaume 78,2.

2. Ensuite, trois autres paraboles concernent *les disciples* : le trésor, la perle, le filet, à partir du verset 36. « Alors, laissant les foules, il vint à la maison et ses disciples s'approchant lui dirent : « Explique-nous la parabole de l'ivraie dans le champ. » La scène change donc de lieu. Cette seconde partie du discours se termine avec le verset 53 : « Quand Jésus eut achevé ces paraboles, il partit de là. »

La composition même du chapitre montre que nous sommes face à une « *division des cœurs* » : ceux qui comprennent et ceux qui ne comprennent pas ; ceux qui écoutent superficiellement et ceux qui, au contraire, s'approchent de Jésus en acceptant son message et en le suivant. Pour comprendre ses paroles, il faut donc entrer dans l'intimité de Jésus.

Pour comprendre les paraboles, il est nécessaire de les accueillir comme la révélation actuelle que Jésus fait du mystère de son Père. Dans la méditation, pour mieux approfondir ce discours en paraboles, je vous proposerai un autre mode de réflexion, en distinguant deux types de paraboles et plusieurs thèmes.

LA POINTE DE CHACUNE DES PARABOLES

Je prends les paraboles une à une.

Discours au peuple (13,3-35)

La parabole du semeur (13,3-9). Le point focal est évident même si, étant donné sa valeur symbolique, nous reconnaissons une richesse de significations beaucoup plus vaste : le Royaume des Cieux s'affirme malgré des résistances : les fruits qu'on peut en attendre sont, malgré tout, considérables. « Malgré » souligne une situation ambivalente, une situation d'opposition, de division dans laquelle le Royaume des Cieux se développe.

Sens des paraboles (v. 10-17). Qui a trouvé en Dieu le sens de sa vie, vivra de la surabondance de ce sens. Qui refuse de le trouver, restera les mains vides (v. 12).

Explication de la *parabole du semeur*. C'est d'abord du sort de l'annonce de la Bonne Nouvelle qu'il s'agit, plus que du résultat.

Parabole de l'ivraie (v. 24-30). Le Royaume de Dieu est cerné, assailli par le mal et le malin. Il n'y a pas de communauté qui soit pure. Toutefois, le Royaume s'affermira. Il y a donc de l'espoir pour l'Église d'aujourd'hui, elle qui est aussi mélange de bien et de mal.

Les paraboles de la graine de moutarde et du levain (v. 31-33). Malgré la petitesse de la graine de moutarde et l'enfouissement du Royaume, celui-ci cependant vient infailliblement.

Première conclusion (v. 34-35). Les paraboles des « prophètes ».

La signification des quatre premières paraboles s'élargira à l'infini avec la christologie, avec la mission même de Jésus, avec sa mort et sa résurrection. Elles le font pressentir.

Le discours aux disciples (13,36-52)

Explication de la parabole de l'ivraie (v. 36-43). La situation de la communauté dans le devenir eschatologique et l'attitude à avoir : le mal qui est dans le monde ne pervertira pas la communauté.

Les paraboles du trésor et de la perle (v. 44-46). La valeur transcendante du Royaume porte à « tout vendre ».

La parabole du filet (v. 47-50). Revient le thème de la division de la fin des temps qui nous entraîne à une décision pour le présent, sans nous effrayer du mélange des « poissons bons et mauvais ».

Le maître de maison (v. 51,52). L'Ancien Testament et Jésus ou le trésor qu'est Jésus, toujours actualisé. « Avez-vous compris ? » (v. 51).

Telle est la pointe de la parabole : elle veut être une réponse aux événements du temps de Jésus, à l'histoire des communautés.

POURQUOI JÉSUS A-T-IL PARLÉ EN PARABOLES ?

Nous allons réfléchir pour répondre à la question : pourquoi Jésus parlait-il en paraboles ? Que voulait-il nous dire ? Comment les paraboles nous aident-elles à comprendre ?

Il me semble utile de les regrouper en deux catégories. D'abord celles qui sont expliquées : le semeur, l'ivraie et le filet. Elles ont une signification capitale. Elles sont le cœur du discours, l'essentiel de l'intention de Jésus. Nous les appelons les paraboles de la *séparation* ou de la *division*. Ensuite, celles qui ne sont pas expliquées : la graine de moutarde, le levain, le trésor, la perle. Elles éclairent le sens principal. Elles présentent un autre aspect du Royaume, lié cependant au précédent. Nous les appelons les paraboles de *la surprise*, de *l'étonnement*.

1. Les paraboles de la séparation ont une même structure. La division est dans chacune d'elles.

Dans celle du semeur, division des terrains : les bonnes et les mauvaises terres, ou des semences (celles qui poussent à demi, de trois manières et celles qui poussent bien, de trois manières encore). Elle est donc fondée sur une dualité. Elle nous introduit à la dualité de la vie qui existe même dans la condition historique du Royaume.

Le thème de la dualité ou de la séparation revient dans la parabole de l'ivraie : le bon grain s'oppose à l'ivraie. Ce n'est plus la semence qui a deux sorts différents ou qui tombe dans des terrains différents, mais la semence elle-même est bonne ou mauvaise.

La parabole des poissons souligne de nouveau cette dualité : des bons et des mauvais poissons dans le même filet, ils seront séparés comme l'ivraie et le bon grain seront séparés à la fin des temps.

Nous nous demandons : si ces paraboles ont en commun la dualité, quels thèmes abordent-elles vraiment ? Je crois qu'elles en abordent deux.

Le premier thème : le Royaume de Dieu est une réalité contrastée, contestée, dont les résultats sont ambivalents. Celui qui attend un résultat régulier, homogène, rectiligne et triomphant se trompe. C'était la grande attente. C'est encore la nôtre. Pourquoi le Royaume ne triomphe-t-il pas ?

Simplement parce que la Parole, la prédication, la mission, la vie selon le Discours sur la montagne ne sont pas nécessairement efficaces. Les paraboles stigmatisent la fausse attente du Royaume, les fausses manifestations de la puissance de Dieu. Dieu ne détruit pas le mal. Le Royaume, en train de se faire, est encore à l'ombre du mal. L'homme voudrait le bien, le bien seulement ; il considère le mal comme un facteur de trouble. Et pourtant, le Royaume de Dieu est l'acceptation de cette ombre mystérieuse qu'est le péché, la résistance, la fuite devant la Parole ; l'indifférence, la négligence, la paresse.

Bien plus, il entre dans cette ombre. Nous devons toujours nous libérer de l'illusion de la pensée que l'avènement du Royaume balaie le mal et crée immédiatement l'ère de la justice.

Les paraboles, parce qu'elles nous font pénétrer dans le mystère du mal, sont vraiment difficiles à comprendre.

Le second thème : le Royaume de Dieu, même en entrant dans le mystère du mal, est une réalité irrésistible. Qui, dans la foi, croit à cette victoire, est déjà dans le Royaume. Un Royaume qui donne des fruits extraordinaires, 100, 60, 30 pour un. Un Royaume dans lequel le bon grain sera finalement séparé de l'ivraie, sauvé, mis dans le grenier de la vie éternelle. Alors les bons poissons seront séparés des mauvais.

Telle est la victoire, la rédemption acquise par Jésus : il sait tirer le bien du mal, faire le bien en passant au travers du mal. C'est le mystère de la passion et de la croix.

Mais pourquoi tout cela doit-il être dit en paraboles ? Pourquoi le sens n'est-il accessible qu'à ceux qui se sont décidés pour le Royaume ? Pourquoi Jésus, en Matthieu 13,10-17, dit-il vouloir parler en paraboles afin que tout en voyant on ne voie pas, que tout en entendant on n'entende pas et ne comprenne pas ?

Je me risque à faire cette réponse : parce que personne d'entre nous est prêt à accepter l'humilité du Royaume, la faiblesse de Jésus face au mal, et même sa chute apparente. Nous n'y sommes ni prêts ni disposés, entrevoyant dans l'échec de Jésus notre propre échec.

A ce sujet, je me souviens d'un livre intéressant de Sergio Quinto, intitulé *La défaite de Dieu*. L'auteur aligne tous les arguments pour montrer que Dieu a été tenu en échec dans sa révélation, de l'Ancien au Nouveau Testament. Il m'arrive de me demander, presque à la limite du paradoxe : « Mais qui est Dieu alors ? »

C'est ainsi que la vérité de Dieu s'est manifestée. Qu'un Dieu faible et vaincu soit le Dieu du Royaume, voilà le mystère de mort et de résurrection de Jésus qui sera en quelque sorte nié par celui qui, en paroles, se déclare « chrétien ».

Je suis convaincu que, dans les faits, dans les sentiments et les réactions spontanées, le mystère d'un Dieu humilié et perdant, ne cessera pas de brûler notre chair, nos rêves, ce que nous estimons « nos valeurs ». Nous sommes contre les foules qui refusent le mystère. Jésus est celui qui, toujours avec bonté, continue à nous le proposer sans cesse sous le voile de la parabole.

Même notre mort nous apparaîtra comme la suprême faillite de Dieu, à en juger humainement. O Dieu, tu me laisses mourir, moi qui t'ai tant aimé, moi qui t'ai suivi ? Nous devons nous souvenir du mystère des paraboles qui annoncent le mystère de la faiblesse et de la mort de Jésus et qui en même temps, préludent à sa résurrection et à sa victoire.

En résumé, Jésus parle en paraboles parce que leur signification est difficile à recevoir. Les disciples sont seuls à l'accueillir parce qu'ils font totalement confiance au Seigneur. Les paraboles de la séparation ou de la division mettent en lumière le caractère humble et caché du véritable messianisme, le mystère de la faiblesse de Dieu, qui s'affiche sur la Croix et que nous soupçonnons avoir quelque relation avec le mystère intime de Dieu, la Trinité.

Là peuvent naître des questions particulièrement profondes, théologiques, mystiques : comment donc le fils du Très-Haut a-t-il pu se révéler dans la faiblesse de la chair ? Comment la croix, et par conséquent la faiblesse du Fils, est révélation de la Trinité ? Que dit une telle révélation de la relation de Jésus avec son Père ?

Écoutons de nouveau les paroles de Matthieu : « Nul ne connaît le Père si ce n'est le Fils et celui à qui le fils veut bien le révéler » (11,27b). La révélation va des paraboles à la croix et à la résurrection.

2. Le sens des paraboles de la séparation ou de la division est affiné par les quatre paraboles de la surprise ou de l'étonnement : la graine de moutarde, le levain, le trésor et la perle. Les deux premières sont aussi rapportées par Marc ; les deux dernières, seul Matthieu les relate.

Elles thématisent le contraste surprenant, inattendu entre la petitesse de la graine de moutarde et la grandeur de l'arbre, entre la discrétion et la pauvreté du levain, et son effet prodigieux dans la pâte, entre le travail humble du paysan qui transpire sur cette terre et le résultat extraordinaire de ses efforts à savoir la découverte d'un trésor, entre la routine quotidienne du commerçant qui s'applique à son travail et la fortune inespérée qu'il découvre : la perle plus précieuse que tout.

Celui qui se voue au Royaume, qui accueille cette réalité, petite et apparemment insignifiante, cachée dans les plis d'une histoire inexorable qui vise le succès et le pouvoir, comme le message de Jésus, celui-là verra arriver des choses étonnantes, il percevra que sa propre vie est comme l'arbre, féconde pour lui et pour les autres ; il sentira que sa propre existence, simple comme le levain, nourrira beaucoup de gens et qu'au lieu de la fatigue, un trésor lui remplira les mains, que les petites fidélités de chaque jour constituent une perle d'une valeur inespérée.

C'est le contraste entre la faiblesse et la discrétion de la prédication de Jésus avec ce que peut espérer celui qui croit ; le contraste des sacrifices, d'une vie cachée, de la patience, de la persévérance demandée au croyant et à la communauté avec le centuple qui en résulte.

Ici aussi le langage des paraboles ne se limite pas à indiquer le mystère. Il l'annonce plutôt. Il l'exprime et le propose. Celui qui l'accepte est déjà la semence qui croît, le levain qui fait monter la pâte, il découvre le trésor, il trouve la perle.

Le thème du chapitre 13 peut être résumé ainsi : le discours du Royaume met face à une décision. Il est même un instrument de division des esprits ; il est discernement dans le sens du glaive annoncé par Marie ; il révèle les intentions de beaucoup de cœurs.

Il n'est pas une instruction sur la manière de discerner demain. Il est discernement de ce qui se fait. Qui pratique ce discernement peut savoir pourquoi il agit. Il se met du côté de Jésus. Il a compris et repoussé tout ce qui est contraire à Jésus. Il est entré dans son mystère dont il a accepté l'humiliation et la croix ; il a espéré dans la résurrection. En d'autres termes, il a en mains la clé de tout discernement.

Conclusion

Les paraboles de Matthieu nous introduisent dans cet essentiel et premier discernement qui consiste à distinguer ce qui est Royaume de Dieu et ce qui ne l'est pas ; distinguer entre ce qu'est se déterminer ici et maintenant pour le Royaume et, au contraire, s'imaginer que l'on marche vraiment à la suite de Jésus parce que l'on répète ses paroles et que se font des miracles. Les paraboles servent à guider une communauté divisée qui se doit de décider. Elles sont le principe et la source de tout discernement dans l'Église.

Matthieu suggère comment « l'agir du cœur », devenu « action missionnaire », se spécifie dans le discernement, celui-ci consistant avant tout à se décider pour le Seigneur et contre ce qui, en nous et autour de nous, fait obstacle au mystère de Dieu, car la proclamation du Royaume telle qu'elle est rapportée par Matthieu (chap. 5-7 pour le contenu ; chap. 10 pour la manière) entraîne la division soit entre la communauté et le monde qui n'accepte pas, soit à l'intérieur même de la communauté : division à propos des méthodes missionnaires ou de la vraie signification à donner à la doctrine du Royaume, etc.

Sans discernement, la mission risque d'être incomprise, d'être du rêve parce qu'elle ne prend pas en compte l'ambivalence et la contestation qu'elle introduit dans l'histoire. Le Discours sur la montagne risque d'être abstrait, théorique, une sorte de doctrine morale dont on ignore la source profonde.

Se laisser transpercer par le glaive, comme Marie, ouvre au discernement et permet de saisir ce qu'est le mystère de la Parole.

J'ai cherché à faire découvrir le sens global du chapitre 13, en évitant l'exégèse de chacune des paraboles, mais précisément avec le désir de comprendre ce discernement que nous sommes invités à faire constamment dans nos communautés.

Vous pourrez relire ce chapitre dans la perspective christologique déjà suggérée, en demandant : qui es-tu, Seigneur, toi qui parles ainsi ? Quel mystère de ta vie veux-tu me révéler ? Quelles caractéristiques de ma communauté as-tu l'intention de mettre en lumière par tes paroles ?

LE TRIPLE MYSTÈRE DU TEMPLE
HOMÉLIE – JOUR DE LA FÊTE DE LA DÉDICACE DE LA BASILIQUE DU LATRAN

Aujourd'hui, 9 novembre, la liturgie célèbre l'anniversaire de la dédicace de la basilique construite par l'empereur Constantin sur la colline du Latran, à Rome. Elle nous propose trois lectures bibliques : 1 R 8,22-23 ; 27-30 — 1 P 2,4-9 — Jn 4,19-24.

Ce sont des textes que nous lisons lors de la consécration de toutes les églises. Je les connais pratiquement par cœur car, en ces années dernières, j'ai eu la joie de consacrer plus de cent sanctuaires, et par conséquent de réfléchir longuement au mystère du temple.

Le mystère théologique du temple

La page extraite du premier livre des Rois exprime le mystère *théologique* du temple. C'est une très belle prière, la plus longue et la plus ancienne contemplation théologique du temple, surtout si nous en lisons le préambule, à partir du verset 10. « Quand les prêtres sortirent du sanctuaire, la nuée remplit le temple de Yahvé et les prêtres ne purent pas continuer leur fonction, à cause de la nuée : la gloire de Yahvé remplissait le Temple de Yahvé !

Alors Salomon dit :

« Yahvé a décidé d'habiter la nuée obscure.
Oui, je t'ai construit une demeure princière,
une résidence où tu habites à jamais » (1 R 8,10-13).

Le Seigneur prend pour ainsi dire possession d'un lieu précis de cette terre. Voilà la théologie du temple, aussitôt obscurcie par la prière qui suit. Ce Dieu d'Israël inaccessible, qui est là-haut dans les cieux, qui tient tout en main, choisit une parcelle de terre comme lieu privilégié de sa présence. C'est une anticipation de l'incarnation : le Seigneur que rien ne peut contenir habite le sein d'une Vierge. Le Temple Vivant, ce sera Jésus.

Le temple ecclésiologique

Pierre, dans le passage de sa première lettre, nous présente, lui, l'ecclésiologie du temple : « Approchez-vous du Seigneur, pierre vivante, rejetée par les hommes, mais choisie, précieuse auprès de Dieu. Vous-mêmes, comme pierres vivantes, prêtez-vous à l'édification d'un édifice spirituel, pour un sacerdoce saint, en vue d'offrir des sacrifices spirituels, agréables à Dieu par Jésus Christ » (1 P 2,4-5).

Le temple, c'est l'Église et nous ; nous sommes le temple, nous « les pierres vivantes », nous appelés à construire un édifice spirituel.

Il serait bon de comparer le texte, très riche, de Pierre avec le chapitre 13 de Matthieu. Pour l'évangéliste, la « pierre vivante, rejetée par les hommes » est le levain, la petite graine de moutarde, la semence jetée en terre. Et la pierre rejetée, « mais choisie et précieuse devant Dieu », à savoir Jésus le Christ, est aussi évoquée dans les lieux parallèles des autres paraboles du Royaume.

Pierre dans sa lettre, comme Matthieu au chapitre 13, note la double réaction face au mystère de la pierre angulaire. Celui qui croit en elle ne sera pas confondu. Celui qui l'accepte obtient le salut, il entre dans le Royaume. Cependant « pour les incrédules, la pierre qu'ont rejetée les constructeurs, celle-là est devenue la tête de l'angle, une pierre d'achoppement, une pierre qui fait tomber » (1 P 2,8).

Par conséquent, elle divise les cœurs, sépare la semence qui porte du fruit de celle qui n'en donne pas ; la bonne semence de la mauvaise ; les bons poissons des mauvais. La terrible division de l'histoire est précisément un moment de la victoire du Royaume de Dieu. Nous voudrions toujours avoir un édifice qui nous vient du ciel, bien construit, parfait.

Une belle bâtisse ! En réalité, il s'agit d'un Royaume à construire dans la peine et la contradiction, grâce à de nombreux efforts à refaire sans cesse. Accepter un tel labeur, c'est déjà le Royaume. C'est être ce que Jésus nous propose comme salut et victoire, c'est être en lui.

Le temple christologique

Le texte de l'Évangile de Jean nous révèle la dimension christologique du temple. A la samaritaine qui lui demande : où faut-il adorer Dieu ? Jésus répond : Crois-moi, lui dit-il, l'heure vient où ce n'est ni sur cette montagne ni à Jérusalem que vous adorez le Père. Vous, vous adorez ce que vous ne connaissez pas. Nous, nous adorons ce que nous connaissons car le salut vient des juifs. Mais l'heure vient, et c'est maintenant, où les véritables adorateurs adoreront le Père en esprit et en vérité car tels sont les adorateurs que cherche le Père. Dieu est esprit, et ceux qui adorent, c'est en esprit et en vérité qu'ils doivent adorer (Jn 4,20-25).

Jésus qui annonce une adoration nouvelle est le lieu même de cette adoration et il l'est surtout dans l'Eucharistie. En elle, Jésus est la vérité de Dieu, il est celui qui manifeste le don de Dieu, lui qui a tant aimé le monde qu'il a donné son Fils Unique. Jésus œuvre dans l'Esprit. Il n'est pas dans la chair de la Cène ni dans celle de sa mort cruelle, mais dans la force de l'Esprit qui, invoqué dans l'épiclèse, sanctifie les dons et les fait présence vivante de Jésus, mort et ressuscité pour nous.

Le message christologique du temple se réalise donc, en plénitude sur cette terre dans l'Eucharistie.

Nos églises et nos communautés

La liturgie de ce jour nous invite à penser surtout aux églises de notre diocèse. Certains d'entre vous savent d'expérience combien coûte la construction d'une église, non seulement en argent, mais aussi en fatigues, en larmes et en préoccupations. C'est une entreprise extraordinaire qui requiert du temps et beaucoup d'énergie. Il est juste d'en célébrer avec joie et solennité l'achèvement ou l'anniversaire. C'est un devoir de faire mémoire des sacrifices que nos églises nous demandent, des siècles qu'elles représentent.

Certes, les églises sont le côté contingent, secondaire, non strictement nécessaire du Royaume comme nous l'avons dit dans la méditation. En notre temps, tout en étant accessoires, les églises sont cependant très importantes : elles révèlent le visage de la communauté qui s'y rassemble. Il nous plaît de voir une église belle, rafraîchie car elle est le signe d'une communauté qui se renouvelle. Il nous plaît de voir une église s'agrandir car elle est le signe d'une communauté en croissance ; il nous plaît de voir une église dont on célèbre le centenaire, le bicentenaire, le tricentenaire... car elle nous parle de la persévérance de nos ancêtres dans la foi.

Nous pouvons maintenant tourner notre pensée vers nos communautés non pour résoudre leurs problèmes ces jours-ci mais pour examiner la signification qu'elles ont dans nos vies. Ce qui définit le prêtre — ne l'oublions jamais — c'est sa relation au Christ et à la communauté qui lui est confiée.

Pensons-y dans un esprit de reconnaissance, en louant Dieu qui se manifeste par elles, telles qu'elles sont, avec leur ivraie, leur parcelle de terre stérile et aride, avec leurs enthousiasmes passagers, et puis avec leur bonne terre, leur bon grain et leurs bons poissons.

Les paraboles veulent nous donner la certitude que le Royaume de Dieu est là dans la situation quelque peu complexe, confuse et tarabiscotée de nos communautés. Exprimons donc à notre Père notre louange et gratitude car dans l'humilité, la pauvreté et la faiblesse des communautés chrétiennes, se manifeste la Gloire de son Royaume qui se dévoilera pleinement un jour comme se dévoilera en plénitude la semence et le levain de l'Eucharistie.

6

Une pratique éclairée
Matthieu 13

PRÉLIMINAIRE

Dans le chapitre 13, Matthieu n'offre pas simplement des règles abstraites pour le discernement, c'est-à-dire des règles à conserver dans sa tête et à appliquer en ignorant le contexte évangélique du Royaume.

Bien au contraire, il veut nous mettre en garde contre une écoute qui n'accueillerait pas profondément la Parole. C'est seulement en accueillant celle-ci de tout son cœur, en la mettant en pratique qu'on la comprend et qu'on reçoit la lumière nécessaire pour discerner les chemins de la Parole, du Royaume et du monde.

La règle concrète est donc celle de celui qui s'engage jusqu'à donner sa vie pour le Seigneur. Alors, il reçoit le don de comprendre ce qu'est le Royaume et ce qu'il n'est pas, à commencer par ce qu'il est lui-même. La prétention de discerner du dehors est très risquée, elle induit la présomption, les jugements hâtifs, les idéologies et les sectarismes. Elle est source d'inimitiés et de tensions dans l'Église. Je souligne l'importance de ce préliminaire car nous sommes toujours tentés de transformer le discernement en un jugement que nous portons de l'extérieur sur les autres. Le vrai jugement sur le Royaume vient du don de ma personne. Matthieu continue à répéter la nécessité de ce « faire », de cette mise en pratique de la Parole sur laquelle nous réfléchissons.

Je vous propose de répondre à deux questions : comment, pour ses discernements, l'Église a-t-elle relu le chapitre 13 de Matthieu au cours de l'histoire ? Comment le Cardinal Ferrari a-t-il pratiqué le discernement ? Dans un troisième temps, nous examinerons quelques aspects de notre propre discernement.

RELECTURE DU CHAPITRE 13 DE MATTHIEU AU COURS DE L'HISTOIRE DE L'ÉGLISE

J'ai fait allusion précédemment à ce long chapitre sur la fécondité historique et l'herméneutique des paraboles du Royaume.

Je voudrais rappeler à ce propos la richesse de l'exégèse qui n'est pas seulement une exégèse passée mais toujours actuelle, une relecture du présent à la lumière des paraboles. Mais le temps ne me le permet pas. Je me contenterai donc de faire quelques considérations en répondant directement à la question : quels bénéfices, au cours des siècles, l'Église a-t-elle retiré de sa réflexion sur le chapitre 13 de Matthieu ?

Surtout aide et réconfort

Aide et réconfort pour tenir même quand la prédication n'est pas écoutée, pour reconnaître que la semence est bonne même si le terrain n'est pas prêt à la recevoir. Dès les débuts — cela apparaît même dans les développements allégoriques de la rédaction de Matthieu — l'Église s'interroge sur le peu de fruit que donne la Parole et sur le réconfort qu'elle tire des paraboles, l'invitant à garder courage car, un jour, la semence trouvera certainement une bonne terre capable de porter du fruit. Nous pensons aux lieux où l'annonce de l'Évangile est difficile. Nous pensons à Jean Mazzucconi envoyé pour évangéliser les Papous de Nouvelle-Guinée : ceux-ci s'opposaient à lui, ils le refusaient, mais ses lettres témoignent d'un enthousiasme et presque d'une joie à aller au-devant des dangers, à vivre dans sa chair le sort du grain broyé.

Nous pensons au récit des martyrs canadiens qui se trouvèrent face à une opposition radicale de quelques tribus indiennes.

Nous pensons au risque qui était le leur, celui de perdre la confiance des gens et d'être torturés. Tous ces missionnaires ont été confortés par les paroles de Jésus et, après leur mort, la semence a porté du fruit. Le Royaume est déjà dans le geste du semeur, il est déjà dans l'espérance.

La persévérance

Comme le réconfort, la persévérance est là quand est manifeste l'impact de la parabole du levain caché dans la pâte. L'Église a vécu l'espérance, elle la vit encore par sa présence en milieu musulman.

Combien de religieux, de religieuses, de prêtres donnent de leur vie en terre d'Orient en travaillant dans des hôpitaux, des institutions éducatives et caritatives, en croyant à l'importance d'une présence cachée, apparemment sans résultats religieux, et qui cependant s'entendent dire : « Tu es bon, je te remercie. Dommage que tu ne sois pas musulman ! »

Les missionnaires, hommes et femmes, savent que le levain fera gonfler peu à peu la pâte. Aussi persévèrent-ils. Le Royaume de Dieu, où est-il ? Le Royaume est l'espérance tranquille du levain, qui accompagne toute l'existence, qui accepte de ne pas voir de résultats, avec la certitude qu'un jour la pâte montera.

La pureté

La pureté est en troisième lieu le bienfait que l'Église au cours de son histoire tire de la lecture du chapitre 13 de Matthieu. Elle a toujours eu besoin, elle a toujours besoin de rechercher la pureté. Elle se rend compte qu'elle ne deviendra jamais une communauté de purs, alors qu'elle le désire. Elle doit reconnaître que les tentatives rigides des communautés de purs aboutissent fatalement au sectarisme : elles sont le contraire de la parabole de l'ivraie et du bon grain, le contraire de la parabole des poissons.

La certitude

L'Église puise dans les paraboles la certitude qu'en dépit de tout, le Royaume est ici, malgré les ténèbres, les tentations, les épreuves, les persécutions et les fatigues.

L'abbé Pierre, dans son livre *Testament* se demande : que me reste-t-il à la fin de ma vie ? Il répond par quelques certitudes très simples. « Malgré tout, l'Éternel est Amour. Malgré tout, nous sommes aimés. Malgré tout, nous sommes libres. Ah ! Si je réussissais à communiquer ces trois certitudes ! »

Il y a une manière concrète d'exprimer que le Royaume est ici, malgré les nombreuses misères et pauvretés que l'abbé Pierre a connues ; que Dieu est amour malgré les souffrances et les horreurs de la vie ; que l'homme est aimé et libre.

Nous pouvons dire, en concluant, que le chapitre 13 est le « manuel » de la persévérance de l'Église. Il explique pourquoi l'Église peut sans cesse, avec courage et sans honte, proposer le message de Jésus dans un monde traversé et bouleversé par le Malin.

LES DISCERNEMENTS DU BIENHEUREUX FERRARI

1. Comment le bienheureux Ferrari a-t-il pratiqué le discernement dans les vicissitudes de son temps ?

Notons-le immédiatement, il a eu de fréquentes occasions de le faire. Nous l'avons évoqué : chacun des nombreux groupes voulait que l'Évêque soit dans son propre camp. Lui, comprenait les raisons des modérés. Que les intransigeants qui dénonçaient les excès des gens pondérés avaient de bonnes et droites raisons, il en était conscient, mais il avait le sentiment de ne devoir se ranger ni du côté des uns ni de celui des autres. Il en était de même à propos des néothomistes et des rosminiens, de ceux qui désiraient s'ouvrir à la modernité et de ceux qui étaient pessimistes à l'égard du monde et le refusaient. Chaque groupe pensait faire un discernement juste, chacun pensait être fidèle à la sainte vérité de Dieu pour le bien de l'Église. Voilà le problème !

Demandons au bienheureux Ferrari qui a maintenant une parfaite connaissance du mystère, demandons-lui pourquoi les groupes se trompaient et provoquaient ainsi des divisions et des conflits.

Ils se trompaient d'abord pour des raisons culturelles, par défaut d'une authentique conversion intellectuelle. C'était des gens incapables d'exercer leur sens critique, de se libérer de leurs préjugés. Ils n'avaient ni liberté ni sérénité d'esprit. Il s'agissait par conséquent d'un véritable problème culturel. Les groupes étaient esclaves des idées reçues, idées peut-être reformulées d'une manière moderne et attrayante, sans qu'elles aient été soumises à une révision soignée, critique et objective. Aussi, avec quatre-vingt ou soixante-dix ans de recul, cela nous semble des controverses inutiles, des problèmes futiles pour lesquels il ne valait pas la peine de ferrailler.

En second lieu, ils se trompaient pour des raisons plus profondes, d'ordre religieux et évangélique ou bien par défaut d'une véritable conversion à l'Évangile, d'un choix radical du Seigneur. Leur choix était plutôt celui d'un Seigneur qui cautionne ce que, moi, je considère comme juste en raison de ma tradition et de ma mentalité. Enfin, ils se trompaient pour des raisons d'ordre moral, ce mot étant entendu dans son sens ordinaire. Ils se trompaient à cause de la confusion, de l'aveuglement et de l'obscurcissement dus à leur intérêt, leur parti, leur clique, leur image d'hommes publics, donc à leur intérêt pas nécessairement économique mais moral.

Ce sont des obstacles en partie culturels, en partie affectifs, avec des choix erronés plus ou moins conscients, qui n'ont pas été mis au clair vraiment.

Le discernement consiste aussi à mettre en lumière des

tendances affectives inconscientes que nous avons profondément en nous.

Comment le bienheureux Ferrari pratiquait-il donc le discernement ? N'étant pas un intellectuel, il ne sut peut-être pas toujours exprimer clairement les critères profonds de ses discernements. Sa formation néothomiste n'était pas suffisante pour lui permettre de faire une critique des fondements de la pensée moderne.

Ses discernements étaient les discernements authentiques de celui qui est humble, qui se tient loin de ses intérêts propres et des partis pris, de celui qui ne veut pas récupérer les uns ou les autres, de celui qui ne craint pas de perdre quoi que ce soit. Il juge au coup par coup, en s'en remettant au Seigneur selon sa conscience éclairée par l'Évangile.

Ferrari voyait juste parce qu'il vivait le chapitre 13 de Saint Matthieu. Il avait la certitude que le Royaume est ici, qu'il est à découvrir dans l'humilité de la vie ordinaire et dans la confusion des opinions, cherchant où souffle l'Esprit, où le Seigneur ouvre le chemin de l'Église. Il a, de toute évidence, beaucoup souffert car il n'était pas toujours facile de trouver la voie de la volonté de Dieu.

Le véritable discernement, que l'on ne peut cependant pas justifier immédiatement, est celui des Saints. L'Église, certes, a besoin d'intellectuels pour dénoncer les erreurs et exprimer les raisons des choix des Saints. Mais les choix des Saints sont le plus souvent évangéliques : ils ont la spontanéité et la force persuasive qui viennent d'une conscience droite, formée par la Parole.

2 Quels sont les jugements du Cardinal Ferrari sur son époque ?

Il avait le langage ecclésiastique du siècle dernier, un langage habituellement très négatif à l'égard de toutes les formes de la modernité.

Si vous lisez les Encycliques pontificales du XIXe siècle, vous vous rendrez compte de leur insistance sur la présence diffuse du mal dans le monde. Ferrari était dans cette ligne comme en témoignent ses écrits. « Vous voyez comment l'impiété contemporaine menace, surtout dans notre chère patrie, d'éliminer le nom chrétien. Nous, nous ne pouvons pas nous le cacher — c'est malheureusement la vérité — ni nous ne pouvons oublier la cause de tant de malheurs sans nous rendre coupables de négliger la défense de la foi chrétienne » (Première lettre pastorale au clergé et au peuple de Dieu du diocèse de Côme).

« Nous voyons aujourd'hui ce que ne virent jamais nos ancêtres depuis que Dieu miséricordieux leur fit le don précieux de la foi. On n'épargna rien, on n'épargne rien pour détruire l'œuvre de Notre Seigneur Jésus-Christ. On en est arrivé, on en arrive aujourd'hui à devoir craindre la disparition de la foi en Italie » (Première lettre pastorale au Clergé et au peuple de l'Archidiocèse de Milan).

Pour le bienheureux Ferrari, les ennemis mortels de la foi chrétienne étaient la franc-maçonnerie, le socialisme et le laïcisme qui cherchaient à tout prix à arracher la religion des cœurs des gens simples, à accomplir le dernier acte de l'apostasie. Aussi était-il prêt à réagir de toute son énergie.

« Les grandes entreprises, dit-il encore, si elles ne sont pas surveillées comme il faut, sont en grand danger : l'honnêteté est menacée, il en va de même pour la foi. Vous, pères et mères du peuple qui ne pouvez pas faire accéder vos enfants aux études supérieures, vous les envoyez souvent très jeunes dans les usines. Eh bien, ne convoitez pas des gains qui ne vous sont pas nécessaires. Si vous travaillez les champs, ne détournez pas vos enfants de l'agriculture. Ce sera un danger de moins pour leur foi. »

Ferrari sait que la ville est périlleuse pour la foi. Il

continue : « Les dangers en ville sont plus nombreux qu'à la campagne. Aussi, comme toujours, quand je fais mes visites pastorales, je recommande aux habitants de la campagne de ne pas se laisser prendre par l'envie d'aller habiter en ville... Mais à la campagne, on ne manque pas d'occasions particulières de perdre la foi : l'émigration temporaire dans des régions protestantes ; les efforts que font çà et là les fausses religions ; les socialistes qui donnent l'impression que chacun en matière religieuse fait comme il veut, se donnant ainsi la possibilité d'induire en erreur plus facilement et plus sûrement. Ce sont ces dangers qui menacent plus fréquemment les populations campagnardes » (Lettre pastorale de Carême 1898 « Gardons la foi »).

Le regard du Cardinal Ferrari était juste ; son discernement était dans l'esprit et la lettre des paraboles : Satan est à l'œuvre pour semer l'ivraie et ruiner la récolte. Il a employé la clé d'interprétation de son temps et les modes d'expression qui, aujourd'hui, nous paraissent monotones et répétitifs. Mais il a évité le risque du sectarisme qui pouvait en découler, le sectarisme ou l'intégralisme qui divise : les bons et les méchants ; nous et les autres. Il a compris que la division est dans les cœurs, il stimulait la foi.

Aujourd'hui, même si les choses vont peut-être plus mal qu'alors, notre langage est différent. C'est le langage de Vatican II, qui nous a invité à scruter les signes des temps, à reconnaître la valeur des réalités terrestres.

Nous sommes ainsi appelés à un discernement quotidien, beaucoup plus difficile que lorsqu'on portait un soupçon global sur la société, comme au temps du Cardinal Ferrari. Il est plus laborieux de chercher parmi les signes des temps ceux qui indiquent que le Royaume est déjà là.

Il est plus difficile de reconnaître la signification de ce qui est en train de se développer : la technique, la ville... de tout ce qui se construit. Nous ne pouvons pas pratiquer le discernement en suivant des critères trop simples. Nous devons revenir à la finesse d'interprétation propre au Nouveau Testament, au chapitre 13 de l'Évangile de Matthieu où sont donnés des principes qui servent à nous immerger dans les situations complexes et difficiles du Royaume, sans crainte, sans se laisser hypnotiser par le mal qui est en nous et autour de nous.

QUELQUES ASPECTS DE NOTRE DISCERNEMENT

J'aborde enfin quelques-uns des aspects de notre propre discernement, en partant des situations contemporaines et j'indiquerai quels sont les aides et les moyens qui nous sont offerts pour traduire les paraboles dans la culture moderne.

1. Le cinquième anniversaire 1989-1994 est un premier exemple. Nous avons célébré en 1994 le cinquième anniversaire de la chute du mur de Berlin, un événement historique qu'il a fallu analyser. Avec l'écroulement d'un des deux blocs beaucoup de choses ont changé par rapport à celles qui ont nourri l'imagination ecclésiastique durant les cent dernières années, particulièrement depuis la fin de la dernière guerre. La fin du communisme est la fin d'un imaginaire qui marquait nos jugements.

Aujourd'hui, nous devons faire des analyses plus approfondies. L'Église, par le passé, a relu les paraboles du Royaume à travers les écrits des Pères, ainsi aujourd'hui les relit-elle à travers les encycliques. *Centesimus annus* est une aide extraordinaire pour revoir, en filigrane, les événements de 1989. Jean-Paul II, après avoir parlé de « l'inespérée et prometteuse portée des événements de ces dernières années », dit : « Le point culminant, sans aucun doute, ce sont les événements survenus en 1989 dans les pays de l'Europe centrale et orientale, mais ils couvrent une période et un espace géographique plus larges » (*Centesimus annus* III,22). Puis il les décrit. Mais il est intéressant de noter que le scénario tracé par le pape — le surgissement confiant de l'esprit démocratique — a déjà changé par rapport à 1991. Il suffit de penser aux dernières élections aux USA ou en Autriche, à la situation italienne, allemande et à celle des pays de l'Est.

Toutefois Jean-Paul II a raison de considérer l'année 1989 et la chute du communisme comme un événement historique et d'en examiner les conditions, les caractéristiques et les enseignements. Toujours grâce à *Centesimus annus*, dans la partie intitulée : Vers les choses nouvelles « d'aujourd'hui », on voit comment, depuis *Rerum novarum* (15 mai 1891), le problème ouvrier et les conditions sociales ont changé.

2. Notre siècle s'achève. Il nous faut le relire et le soumettre à notre discernement, pour comprendre vraiment ce qui va dans le sens de l'accomplissement du Royaume de Dieu qui n'est pas (les paraboles nous avertissent) le succès universel de l'Église visible mais bien sa venue dans le secret et l'épreuve.

L'encyclique *Redemptor hominis* (Le Rédempteur de l'homme) peut nous aider à réfléchir. Le sens et la puissance d'interprétation de notre époque y sont remarquables : « Lorsque, à travers l'expérience de la famille humaine qui augmente continuellement à un rythme accéléré, nous pénétrons le mystère de Jésus-Christ, nous comprenons avec plus de clarté que, au carrefour de toutes les routes par lesquelles l'Église de notre temps doit poursuivre sa marche, conformément aux sages orientations de Paul VI (*Ecclesiam suam*, 1964), il y a une route unique :

la route expérimentée depuis des siècles et qui est en même temps la route de l'avenir. Le Christ Seigneur a indiqué cette route surtout lorsque, pour reprendre les termes du Concile, « par l'Incarnation le Fils de Dieu s'est uni d'une certaine manière à tout homme » (*Gaudium et spes*, n° 91). L'Église reconnaît donc son devoir fondamental en agissant de telle sorte que cette union puisse continuellement s'actualiser et se renouveler. L'Église désire servir cet objectif unique : que tout homme puisse retrouver le Christ, afin que le Christ puisse parcourir la route de l'existence, en compagnie de chacun, avec la puissance de la vérité sur l'homme et sur le monde contenue dans le mystère de l'Incarnation et de la Rédemption, avec la puissance de l'amour qui en rayonne. Sur la toile de fond des développements toujours croissants au cours de l'histoire, qui semblent se multiplier de façon particulière à notre époque dans le cercle de divers systèmes, conceptions idéologiques du monde et régimes, Jésus-Christ devient, d'une certaine manière, nouvellement présent, malgré l'apparence de toutes ses absences, malgré toutes les limitations de la présence et de l'activité institutionnelle de l'Église » (Jean-Paul II-*Redemptor hominis*, 1979, n° 13).

Notons la différence de langage et d'interprétation du monde contemporain entre Jean-Paul II et le Cardinal Ferrari.

3. Plus près de nous, domine l'engagement prioritaire dans le monde actuel tel qu'il est.

Nous devons montrer que, même dans un monde dominé par la technique et en partie sécularisé, il est possible de former des communautés chrétiennes populaires (non pas seulement des communautés d'élite ou des petits groupes) qui vivent la joie de l'Évangile, des communautés semblables à l'Église des Apôtres.

Nous devons refaire avec une infinie patience le tissu de

base de communautés et éviter la peur de l'ivraie, des mauvaises herbes ou des terres infertiles : la bonne semence comme les bonnes terres ne manquent pas ! Pas question d'abord de règlements et de moyens ! Ce qui importe surtout, ce sont les attitudes profondes de sérénité, de paix et de confiance dans la victoire de l'Évangile. Attitudes qui sont exprimées dans les béatitudes du Royaume. Souvenons-nous de cette très importante citation de *Christifideles Laïci* : « Il est urgent de refaire le tissu chrétien de la société des hommes. Mais pour cela il faut refaire le tissu chrétien des communautés ecclésiales elles-mêmes de ces pays et de ces nations » (Exhortation apostolique post-synodale, 1998, 3 n° 34).

La certitude de la victoire de l'Évangile est attaquée, à tout moment, par le démon qui sème parmi nous pessimisme, défiance, résignation et découragement. Notre combat consiste précisément à reconnaître les embûches de l'ennemi, à les démasquer comme non-évangéliques et même anti-évangéliques ; les démasquer dans les jugements ordinaires, dans les convictions en apparence logiques mais, en fait, pernicieuses et destructrices.

Pour mener ce combat, pour discerner, le concours de tout le peuple de Dieu est nécessaire : prêtres, diacres, laïcs, religieux et religieuses. Marcher *ensemble*, tel est le bon choix, le choix qui nous mettra en mesure d'affronter les défis du prochain millénaire.

CONCLUSION : QUE DEVONS-NOUS FAIRE ?

Je rappelle l'esprit dans lequel nous devons pratiquer le discernement en ayant recours à un texte classique :

l'*Imitation de Jésus-Christ*, parce qu'il traduit directement, en langage ascétique, l'intuition mattéenne du « faire du cœur », de la pratique ordinaire du discernement.

Commentant le verset de l'Évangile de Jean : « Qui me suit ne marchera pas dans les ténèbres », l'auteur écrit : « Ce sont les paroles de Jésus-Christ, par lesquelles il nous exhorte à imiter sa conduite et sa vie si nous voulons être vraiment éclairés et délivrés de tout aveuglement du cœur... Si vous voulez comprendre parfaitement et goûter les paroles de Jésus-Christ, il faut vous appliquer à conformer toute notre vie à la sienne (Livre 1, chap. 1, n°s 1 et 2)...

Le savoir sans la crainte de Dieu, que vaut-il ? Quand j'aurais toute la science du monde, si je n'ai pas la charité, à quoi cela me servirait-il devant Dieu, lui qui me jugera sur mes actes (Livre 1, chap. 2, n° 1)... En vérité, au jour du jugement, on ne nous demandera pas ce que nous avons lu, mais ce que nous avons fait, ni si nous avons bien parlé mais si nous avons bien vécu » (Livre 1, chap. 3, n° 5).

Le discernement se fait en agissant. Il commence à partir du moment où nous ne nous contentons pas d'écouter mais de « faire ». C'est là déjà un geste d'adhésion plénière à Jésus-Christ.

7

Faire l'Église

Matthieu 18

En indiquant l'un des points les plus importants de notre discernement pastoral, j'ai rappelé le numéro 34 de *Christifideles Laïci* : « Il urge (donc) de refaire le tissu chrétien de la société humaine. Mais il ne se refera que si l'on refait le tissu des communautés ecclésiales de ces peuples et ces nations. » « Le Pape fait allusion aux pays et aux nations où l'on a encore des traditions très vivantes de piété populaire. Mais ce patrimoine moral et spirituel risque aujourd'hui d'être dilapidé sous l'influence de multiples évolutions parmi lesquelles il faut souligner la sécularisation et la diffusion des sectes » (*Ibid.*).

Il s'agit de nos communautés et Jean-Paul II dans son discours aux Évêques de Lombardie à l'occasion de leur dernière visite ad limina, a rappelé que nous devons travailler « surtout au passage d'une foi d'habitude — appréciable — à une foi qui est un choix personnel et éclairé, à une foi convaincue et témoignante. Une telle foi, célébrée et partagée dans la liturgie et dans la charité, nourrit et fortifie la communauté des disciples et la fait Église missionnaire et prophétique ».

Quelles seront ces communautés où l'on se forme à une foi adulte et où l'on refait le tissu communautaire en vue de refaire le tissu social ?

Au cours des Exercices spirituels que nous faisons, la question se pose ainsi : Y a-t-il dans les paroles de Jésus selon l'évangéliste Matthieu, des indications *pour faire une communauté comme l'Évangile le demande*, c'est-à-dire capable de vivre la joie de la foi dans un monde hostile ? Tel est, en effet, notre monde et telle était aussi la vérité dans laquelle vivaient les communautés dont parle Matthieu.

J'ai donc choisi de méditer le chapitre 18, le quatrième des cinq grands discours parce qu'il répond bien à la question : « Comment faire Église ? » Le terme « Église » est probablement préférable à celui de « communauté ». Du reste, dans l'unique verset où apparaît le terme grec *ekklesia*, nous le trouvons traduit par « assemblée » (v. 17). J'emploie l'expression « faire Église » ou « faire l'Église » — bibliquement plus exacte — pour désigner, comme dans tous les documents du magistère, l'Église universelle du Christ, les Églises diocésaines et encore les petites communautés de l'Église locale.

Un préalable, d'abord, *l'Eucharistie est la première à faire l'Église*. Le chapitre 18 de l'Évangile de Matthieu est né dans une communauté et il est destiné à une communauté dont le centre est l'Eucharistie : Jésus présent sous le signe du don suprême qu'il fait de lui-même pour nous, Jésus présent comme sacrifice et comme nourriture.

C'est le Christ qui fait l'Église, et l'Église est l'initiative du Père qui, dans le Fils et par la médiation dynamique de l'Esprit Saint invoqué dans l'épiclèse, fait œuvre de salut dans le sacrifice de Jésus devenu la nourriture des fidèles.

Sans jamais oublier ce présupposé, sans oublier que tout s'y réfère implicitement, nous considérons le discours, comme il nous a été transmis, au stade de la lecture et à celui de la méditation. Vous aurez remarqué que je ne passe jamais à celui de la « lection divina », c'est-à-dire à celui de la contemplation parce que celui-là, c'est votre affaire, la plus importante des Exercices. Ma tâche consiste simplement à vous conduire jusque-là, à la prière personnelle de contemplation qui est la substance, le suc, le pilier de ces journées de Retraite, avec l'Eucharistie, la liturgie des heures et la confession. Nous aussi, nous faisons ici communauté, nous sommes communauté de prière, communauté qui se repent et se convertit, nous en faisons l'expérience par le dialogue que nous avons avec le Seigneur.

LECTURE DU DISCOURS ECCLÉSIAL

En lisant le chapitre 18 que nous appelons : le « discours ecclésial », nous nous apercevons aussitôt qu'il n'est pas composé avec le même soin que le Discours sur la montagne. Il est plutôt un recueil de paroles éparses de Jésus qui concernent la communauté des disciples. Il s'agit donc d'un discours ecclésial mais embryonnaire.

Si l'on voulait connaître davantage l'ordre et la structure des premières communautés chrétiennes, il faudrait consulter le premier chapitre des Actes des Apôtres, la lettre de Paul aux Romains et la deuxième lettre aux Corinthiens.

Toutefois le chapitre 18 de Matthieu est intéressant car il nous permet de recueillir, au travers de quelques paroles de Jésus qui ont porté du fruit grâce à la réflexion et la prédication des Apôtres, *les éléments essentiels* qui font l'Église, les premiers germes, que le Seigneur a rappelés en diverses circonstances. C'est important dans la mesure où il montre comment l'Église est une réalité très simple, concrète, de l'ordre du quotidien. C'est ainsi que Jésus l'a vue et l'a proposée. Mais en même temps, c'est une réalité mystérieuse et ces paroles, apparemment pragmatiques, en font percevoir, comme nous le verrons, l'aspect mystique.

LES ANNONCES AVANT LE CHAPITRE 18

Plusieurs épisodes, en particulier au chapitre 14, préfigurent la communauté. J'en rappellerai trois.

Le verset 18 du chapitre 16 est fondamental. Nous y trouvons la première mention du terme *ekklesia* : « Eh bien ! moi, je te dis : tu es Pierre et sur cette pierre, je baptirai mon Église, et les portes de l'Hadès ne prévaudront pas contre elle. Je te donnerai les clefs du Royaume des cieux : quoi que tu lies sur la terre, ce sera tenu pour lié dans les cieux ; quoi que tu délies sur la terre, ce sera tenu pour délié dans les cieux. » Ce texte est à mettre en rapport direct avec le chapitre 18. Il annonce la déclaration que Jésus fera à Pierre : son intention de faire une Église qui ne s'évanouira pas et en qui les réalités de la terre rencontreront celles du ciel et auront une valeur définitive et sacrée.

Matthieu 14,13-21 ; 15,32-39. La double multiplication des pains symbolise l'Église. Jésus et les disciples ont une fonction précise : les gens sont nourris lors d'un banquet qui crée la fraternité ; l'Eucharistie est le centre de l'Église.

L'évangéliste a probablement mis là, et non ailleurs, ces épisodes, précisément pour nous préparer au chapitre 18.

Nous savons que le verset 35 est la fin de l'actuel chapitre 18 (la division en chapitres et en versets est très postérieure à la rédaction de Matthieu) puisque nous lisons au verset 1 du chapitre 19 la formule habituelle : « Quand Jésus eut achevé ces discours »..., comme nous la trouvons à la fin du Discours sur la montagne (7,28), du « discours missionnaire » (11,1) et du « discours en paraboles » (13,53).

Il est plus difficile de dire où il commence. La plupart des exégètes, se fondant sur la division en chapitres, le font commencer au verset 1 : « En ce moment, les disciples s'approchèrent de Jésus. » Mais, on pourrait avoir un doute. Pour ma part, je préfère le faire commencer au verset 24 du chapitre 17 : « Comme ils étaient arrivés à Capharnaüm, les collecteurs de taxes vinrent au-devant de Pierre. » En effet, à partir de ce moment, tout s'enchaîne. Le verset 1 fait simplement le lien avec les paroles précédentes. Si on se rallie à ma préférence, le discours commence et se termine par la mention de Pierre. La question de celui-ci provoque la réponse de Jésus et introduit la parabole du « débiteur impitoyable » (18,21-35). Ainsi, le lien entre le chapitre 16 et les chapitres 17 et 18 serait plus évident : la confession de foi de Pierre, la proclamation de sa mission (chap. 16), ensuite la reprise des relations entre Jésus et Pierre (chap. 17) et enfin les paroles de Jésus sur la communauté qui se terminent par la question de Pierre (18,31). Il me semble que le discours aurait ainsi une plus grande unité.

De toute manière, je vais le commenter en retenant l'interprétation générale des exégètes et en recourant parfois à mon hypothèse quand elle me semblera convenir. Il n'y a pas de plan précis. On ne réussit pas à voir un développement logique des paroles de Jésus. Aussi, je les commente les unes après les autres.

Les versets 1 à 4 font état d'un litige entre les disciples : qui est le plus grand ? Un conflit d'ambition. La communauté est aussi un lieu d'ambitions et de rivalités.

Le verset 5 souligne une qualité importante de la communauté : l'accueil des petits. Verset étroitement lié au précédent : « Qui se fera petit comme ce petit enfant, voilà celui qui sera le plus grand dans le Royaume des cieux. »

Les versets 6 à 11 présentent le troisième thème : la condamnation de ceux qui scandalisent les petits dans la communauté. Rebondissent ainsi les exigences évangéliques du chapitre 5, quand Jésus parlait de la nécessité de s'arracher l'œil ou le bras plutôt que de pécher.

Les versets 12 à 14 ainsi que la parabole de la brebis perdue, reviennent sur les versets précédents à savoir sur l'attitude envers les petits. La parabole conclut : « Ainsi, votre Père qui est dans les cieux ne veut pas qu'un seul de ces petits ne se perde » (14).

Les versets 15 à 17. On peut appeler plus opportunément cette sixième partie « la règle de la communauté ». Il s'agit d'une véritable procédure, presque juridique, pour réinsérer dans la communauté celui qui s'est égaré. Les versets 12 à 14 insistaient sur l'importance de retrouver celui qui s'est égaré. Maintenant, Jésus dit comment il faut le réintégrer.

Le verset 18 appartient encore à la sixième partie du discours. Il est très expressif : il énonce le principe général du rapport entre la communauté terrestre et la communauté céleste. Tout ce que fait la communauté terrestre a valeur seulement si cela concerne l'éternité. C'est la parole adressée à Pierre et qui est ici répétée et appliquée à la communauté et à ses structures, la communauté déjà entendue comme une réalité sacrée. Je rappelle l'invocation du

« Notre Père » : « que ta volonté soit faite sur la terre comme au ciel ». Mais quel est le lieu sur terre où la volonté de Dieu s'accomplit comme dans les cieux, où les choses qui arrivent au nom de la communauté ont des répercussions dans les cieux ? C'est l'Église.

Il y a peut-être un autre indice de la sacralité de la communauté. Au verset 10, Jésus a dit : « Gardez-vous de mépriser un seul de ces petits, leurs anges aux cieux se tiennent constamment en présence de mon Père qui est aux cieux. »

Il y a relation entre les petits et les anges, ceux qui servent à la face de Dieu. L'assemblée du ciel composée par les anges qui louent le Seigneur et le servent trouvent une anticipation et une correspondance dans l'assemblée terrestre. La liturgie du ciel correspond à celle de l'Église.

Une autre correspondance entre le ciel et la terre est exprimée dans la septième péricope, versets 19 et 20. « Si deux d'entre vous, sur la terre, unissent leur voix pour demander quoi que ce soit, cela leur sera accordé par mon Père qui est aux Cieux. Que deux ou trois, en effet, soient réunis en mon Nom, je suis là au milieu d'eux. » C'est le rappel (Mt 1,23) de l'Emmanuel, du Dieu avec nous. Ce « Je suis au milieu de vous » est une annonce de la dernière parole de Matthieu : « Je suis avec vous jusqu'à la fin des siècles » (28,20).

La conscience de la communauté est élevée au plus haut niveau : en elle, il y a Jésus, garantie, gage et réalisation de la présence de Dieu, de la Trinité.

Aux versets 21 et 22, Pierre demande des précisions sur le pardon du frère. C'est peut-être une explication, un approfondissement des versets 15 et 16 : comment retrouver son frère ; et des versets 12 à 14 : pourquoi rechercher les égarés ?

Quelle doit être la patience de la communauté, combien

de fois pardonner ? La réponse de Jésus est lapidaire : « Jusqu'à 70 fois 7 fois. »

Versets 23 à 35, Jésus développe son discours par une parabole, la péricope la plus longue du chapitre, celle du débiteur impitoyable qui, de nouveau, met en rapport la terre et le ciel : « C'est ainsi que mon Père vous traitera aussi, si chacun de vous ne pardonne pas à son frère du fond du cœur » (v. 35).

Ce qui se passe dans la communauté : en bien comme en mal, a des effets pour le ciel.

Il y a donc neuf péricopes, dix même si nous mettons dans le discours ecclésial le passage de Matthieu 17,24-27 : le versement de la taxe pour le Temple. Cet épisode montre l'étroite relation qui existe entre eux : Pierre agit au nom de Jésus et Jésus affirme que ceux qui sont avec Pierre sont ses fils, à lui, et les fils ne payent de tribut à leur Père.

LE MESSAGE DE MATTHIEU

Nous pouvons comprendre le message du discours ecclésial en lui-même et pour nous, en nous posant des questions que chacun voudra bien approfondir avant d'entrer en méditation et en prière.

De quoi est faite la communauté d'après les paroles de Jésus ?

Quelles sont les caractéristiques d'une Église qui vit la joie de l'Évangile dans un contexte hostile et difficile ?

La première attitude positive qui contribue à faire la

communauté, en opposition avec l'ambition destructrice, c'est l'humilité du cœur, être petit, sans prétention, sans enflure, sans orgueil. C'est la conversion à la simplicité évangélique : « En vérité, je vous le dis : si vous ne devenez comme ces enfants, vous n'entrerez pas dans le royaume des cieux » (Mt 18,3). Nous trouvons le plus beau commentaire de ce verset dans « L'histoire d'une âme » de Thérèse de l'Enfant Jésus.

La seconde attitude est l'accueil : une communauté qui accueille les plus délaissés et se préoccupe d'eux avec patience, empressement et affection (v. 5-10), qui veille à ne point les scandaliser, qui plutôt veille à édifier et à aider les plus faibles et les plus fragiles dans la foi. Il est très important de se rappeler que l'Église ne prête pas seulement attention aux meilleurs mais bien plutôt à tous ceux qui sont sans importance, sans voix, à tous ceux qui sont petits.

La troisième attitude est le souci de ceux qui sont égarés. « Si un homme possède cent brebis et qu'une d'elles vienne à s'égarer, ne va-t-il pas laisser les quatre-vingt-dix-neuf autres sur les montagnes pour s'en aller à la recherche de l'égarée ? Et s'il parvient à la retrouver, en vérité, je vous le dis, il tire plus de joie d'elle que des quatre-vingt-dix-neuf qui ne se sont pas égarées » (18,12-14). L'Église accueille avec joie, avec allégresse celui qui s'est perdu, au lieu de lui adresser des reproches et de le condamner. Luc écrit : « Il y aura plus de joie dans le ciel pour un seul pécheur qui se repent que pour quatre-vingt-dix-neuf justes, qui n'ont pas besoin de repentir » (15-7). La miséricorde est typique de la communauté évangélique.

Toutefois, cette attitude, le contraire de la rigidité, prend une autre forme : la correction fraternelle (v. 15-18), qui est une exigence forte et précise. L'accueil n'est pas l'embrassade qui oublie tout ; elle est plutôt une attention qui remet l'autre sur le chemin du retour, le chemin du vrai changement, dans le respect de la personne elle-même. Il ne faut pas se cacher les défauts et les péchés des membres de la communauté, mais les aider avec amour à les vaincre, à en sortir, à reprendre une existence honnête et limpide.

Jésus insiste sur le sérieux de la correction fraternelle quand il dit : « Tout ce que vous lierez sur la terre sera tenu au ciel pour lié, et tout ce que vous délierez sur la terre sera tenu au ciel pour délié » (18,18). Je vois ici le germe d'une pratique pénitentielle, une pratique de réconciliation, par conséquent le germe du Sacrement de Réconciliation qui nous donne la joie de Dieu parce qu'il nous reconstitue intérieurement en nous mettant sur la voie de la justice divine qui devient nôtre.

La cinquième manière de faire l'Église est la prière commune dont il est parlé brièvement mais fortement aux versets 19 et 20. Cette prière commune met au cœur de la communauté la certitude d'être en contact avec le Père et d'être écoutée par lui. Le verset 20 : « Je suis au milieu d'eux » affirme que la communauté est bien celle du Seigneur ressuscité, car le « Je suis » est vraiment l'expression de la présence divine de Jésus, le Verbe (la Parole) du Père, le Crucifié ressuscité au milieu de la communauté priante. D'où l'importance et la richesse de la prière liturgique.

L'attitude la plus longuement développée est le pardon des offenses : nous devons constamment nous pardonner, nous comprendre, nous accepter. La communauté grandit avec le pardon mutuel. Elle n'est pas faite de gens parfaits ; elle est au contraire lieu de pardon, soixante-dix fois sept fois. Jésus insiste en racontant la parabole, très pointue, de l'intendant impitoyable (v. 21-35). Quand la communauté ne pardonne pas, elle n'honore pas Dieu, lui qui nous remet notre grande dette et qui fait de la remise des petites que nous avons les uns à l'égard des autres la condition nécessaire et joyeuse de son pardon.

Prenant enfin en considération l'épisode de Pierre et de la redevance à verser au Temple (Mt 17,24-27), notons encore comme facteur de la communauté la relation confiante avec Pierre qui, de fait, parle et agit au nom de Jésus.

Qui fait la communauté ?

Qui sont les artisans de la communauté ? Ils sont nombreux : célestes et terrestres, ceux que Matthieu cite au chapitre 18.

D'abord *les artisans célestes.* C'est le Père qui, le premier, fait l'Église (18,10-14-19-35). C'est lui qui dans le ciel donne valeur à ce qui se fait sur terre. C'est lui que les anges des petits, des humbles, contemplent toujours, lui qui ne veut pas la perte même du plus petit, lui qui accorde ce qui est demandé, lui qui ne pardonne pas si nous ne pardonnons pas de tout cœur à notre frère. Avec le Père, Jésus est au centre de la communauté. Il est toujours présent par ses paroles et son action. Comme Ressuscité, il suscite sans cesse les attitudes positives de l'Église. Jésus ressuscité est présent dans l'Esprit. En résumé, la Trinité fait l'Église.

Les artisans terrestres. Les artisans de l'Église nommés par Matthieu sont :

— Les Fils (17,25-26), c'est-à-dire ceux qui ont l'esprit filial.

— Les Disciples (18,1), ceux qui ont accueilli l'enseignement de Jésus et veulent le suivre.

— Les petits (18,2-5-6-10-14), au cœur simple, qui croient au Royaume et vouent leur vie au Père en Jésus-Christ.

— *Les Frères* (18,5) même s'ils ont commis une faute. L'Église est une communauté de frères, de frères même pécheurs. Cette vérité est réaffirmée en Matthieu (23,8-10) : « Vous, ne vous faites pas appeler "Rabbi", car vous n'avez qu'un Maître, et tous vous êtes des frères. N'appelez personne votre « père », sur la terre, car vous n'en avez qu'un le Père céleste. » Tous frères, tous fils, tous petits : le Vrai Maître de la communauté c'est le Christ. Il est encore écrit : « Le plus grand parmi vous sera votre serviteur. Quiconque s'élève sera abaissé, et quiconque s'abaissera sera élevé » (Mt 23,11-12). Voilà une autre manière d'enseigner que la communauté est faite de gens simples, sans prétention.

Deux forces encore soutiennent la communauté. Les versets 18 à 20, puis 22 et 35 parlent d'abord des *priants*, de ceux et celles qui prient sérieusement au nom de Jésus et qui sont réunis en son nom (nous pensons d'abord aux communautés contemplatives, aux religieux et religieuses cloîtrés) puis des *pardonnants*, ceux qui construisent l'Église par le pardon des offenses ou par le sacrement de Réconciliation, les ministres ordonnés étant les médiateurs du pardon divin.

Il faut encore ajouter Pierre, expressément cité comme artisan de l'Église (17,24 et suivants ; 18,21). Pierre, au sommet, participe au processus communautaire par l'action de discernement, utile pour savoir ce qu'il faut faire dans l'Église.

Les agents destructeurs sont eux aussi membres de la communauté, mais de façon évidente, ils n'ont ni l'efficience ni la joie qui permettent de travailler dans un monde hostile. Parmi eux, il nous faut citer :

— Les ambitieux : le verset 1 du chapitre 18 les présente comme des disciples. La communauté subit en son sein des ambitions, des rivalités, des tensions, des courses aux premières places. Les divisions traversent l'histoire de l'Église, souvent une histoire de luttes et de pouvoirs. Jésus l'a prévu. Il a voulu nous éduquer. Les exhortations communautaires viennent du constat d'ambition et de primauté qu'il fait chez les personnes à qui il s'adresse. Il est vraiment déconcertant de lire dans l'histoire séculière de l'Église combien l'ambition a joué. Je suis frappé de voir que même pendant les persécutions, il y avait dans les diocèses, y compris à Rome, de vives oppositions pour l'élection de l'Évêque.

L'appétit de pouvoir ne s'éteignait même pas en ces temps terribles. Nous devons en prendre acte comme Jésus l'a fait, lui qui ne craint pas de fonder une Église où il sait que des problèmes de ce genre naîtront. Il la présente comme un lieu où l'esprit d'humilité sera constamment remis en cause, un lieu de lutte. Nos communautés ne seraient pas comme celles de l'évangile si ne surgissaient en elles rivalités et divisions.

— Les fauteurs de scandale, un autre nom des agents destructeurs. Il n'existe aucune communauté sans scandale (Mt 18,6-7). Même en les désapprouvant et en cherchant à les écarter, nous ne pourrons pas empêcher qu'ils arrivent puisque Jésus les a constatés dans sa communauté. La communauté est cernée et même pénétrée par la tentation et le mal. Elle est traversée par le mal du monde, et son devoir est de le purifier et de se purifier, précisément dans sa relation douloureuse avec lui.

— Les égarés. Aux ambitieux et aux fauteurs de scandale, il nous faut ajouter les égarés (Mt 18-12) : la brebis qui s'égare ne doit pas nous entraîner au pessimisme. Sa perte est, au contraire, une occasion de recherche, d'affection, d'attente, et de joie quand elle est retrouvée.

— Les coupables forment une autre catégorie de personnes qui ne construisent pas l'Église. « Si ton frère vient à pécher... » (Mt 18,15 et suivants). Il s'agit de fautes qui concernent la communauté. Jésus insiste sur elles. « S'il ne t'écoute pas, prends avec toi une ou deux autres personnes... et s'il refuse de les écouter, dis-le à la communauté » (Mt 18,16-17). L'Église est faite aussi de coupables, et de coupables qui ne se repentent pas à la suite ni de la première ni de la seconde monition. Il faut alors s'en séparer. La communauté en souffre, bien sûr; elle est tourmentée.

Jésus tient à nous donner une vision réaliste et non idyllique, une vision pragmatique, reflet de la sagesse du Seigneur et de l'expérience des premières assemblées. C'est l'expérience qu'a vécue la communauté de Matthieu. Il était urgent de rappeler les paroles de Jésus pour encourager, réconforter et rassurer: il est normal que ces choses arrivent, veillez à ne pas quitter le bon chemin!

Je voudrais citer à propos de la communauté ecclésiale des extraits de Madeleine Delbrêl, une femme dont la vie — dans un milieu athée de la banlieue parisienne — a été riche en contemplation et en action. Son activité d'assistante sociale l'occupait jour et nuit, et cependant c'était une âme profondément contemplative. Nous savons quel grand amour elle avait pour le ministère sacerdotal, pour l'Église, pour les prêtres-ouvriers. Sa visite à Rome reste célèbre. Elle voyagea en train de nuit à l'aller et au retour, simplement pour se rendre au tombeau de Pierre. Elle resta là toute la journée, priant à genoux pour confier au Seigneur l'Église, le ministère ordonné et les nombreux problèmes des prêtres. Je cite quelques extraits sur l'Église et le sacerdoce.

> « L'Église est sainte par le Christ qui l'épouse.
> L'Église est et sera toujours une société de pécheurs.
>
> J'en comprends ce que je peux, je n'en comprends pas le reste.
> Mais j'essaie de vivre non ce que je ne comprends pas, mais ce que je crois.

Comprendre ne m'aide pas à croire ; mais croire m'aide à comprendre.
L'antagonisme qui passe en moi passe dans chaque membre de l'Église.
L'Église sainte véhicule Jésus-Christ.
L'Église, société de pécheurs, m'entraîne dans le mouvement de sa vie.
Je ne puis dire ni "elle" ni "moi", mais seulement "nous" : Jésus-Christ avec les pauvres pécheurs. Dire ce "nous", c'est dire l'Église.

Avec l'Église et comme elle, à cause du monde, nous sommes en état d'urgence. Tout ce qui ferait de nous des cogitateurs, des introspecteurs, des problémateux chroniques nous détournerait de cette urgence... En marchant, on peut, au contraire, penser, se recueillir, réfléchir.
Parce que nous sommes dans l'Église, nous sommes des gens pressés en elle ; pressés comme elle.
Or, nous avons toujours la tentation d'oublier cet état d'Église, d'urgence, et de transformer les haltes de notre vie en immobilisme ou en palabres.
Même les paroles du Seigneur et ce qu'il en dit lui-même, nous pouvons les scléroser, oublier qu'elles sont esprit et vie.

Les difficultés de nos communautés nous obligent à répéter ceci : les paroles de Jésus sont esprit et vie pour moi. »

En adressant ses vœux pour l'ordination presbytérale d'un jeune, Madeleine Delbrêl écrivait encore :

« Et voici mes vœux pour l'ordination de Jean-Marie.
Nous lui désirons de réaliser le conseil d'un saint de la primitive Église : "N'ajoute rien ; ne retranche rien."
Nous lui désirons de réaliser dans sa vie ce que nous-mêmes désirons trouver en lui.

D'abord, ce que le prêtre peut nous donner : le Christ de la messe et des sacrements ; et si nous pensons à cela

d'abord, c'est parce que cela est beaucoup plus que le prêtre lui-même, serait-il un saint doublé d'un génie.
Ensuite, ce que nous désirons, c'est que, avant d'être ceci ou cela, il soit de Christ-Jésus...
Qu'il parle à Dieu et qu'il parle de Dieu :
A Dieu, à cause de nous qui sommes pour Dieu, de cœur et de parole, des interlocuteurs tellement intermittents ; à cause du monde d'où monte pour Dieu un si tragique silence.
De Dieu et "de celui qu'il a envoyé, Jésus Christ", qui veut être reconnu, connu, manifesté, à travers des hommes qui parlent et qu'on ne peut pas faire taire.

Et enfin, pour que tout ce que nous voudrions que soit le prêtre ne demeure pas, ne se passe pas comme un peu ou beaucoup, en dehors de nous, comme en marge des hommes, qu'il soit un homme resté homme, que les hommes puissent le toucher, qu'ils l'entendent, le comprennent et qu'ils se sachent connus de lui, dans ce qu'ils connaissent d'eux-mêmes comme dans ce qu'ils en ignorent.

Nous lui désirons de croire à la joie, ce qui n'est pas seulement faire preuve d'optimisme. Il nous semble que la joie chrétienne, celle dont le Seigneur dit "ma joie", celle dont il veut qu'elle soit parfaite, c'est de croire concrètement — avec la foi — que nous avons toujours et partout ce qu'il faut pour être heureux.

Le croire quand nous reconnaissons que les choses nous font du bien ; le croire quand nous éprouvons qu'elles nous font du mal. Croire que "rien au monde ne peut nous ravir cette joie", notre tout, pour être heureux. »
(*Indivisible Amour*, Éditions du Centurion, p. 115-122.)

Comment le Cardinal Ferrari faisait-il Église ?

Je ne veux pas développer longuement mais il est clair que durant toute sa vie il a fait Église en se donnant au

Christ qui s'offre dans l'Eucharistie. « Je serai parmi vous pour tout le temps que Dieu m'accordera de vivre là-bas, comme une mère serre ses enfants sur son cœur. Je serai parmi vous pour vous aimer tendrement et avec l'ardent désir de vous donner non seulement l'évangile de Dieu mais aussi ma vie » (Première lettre pastorale au diocèse de Milan, 1894).

La volonté de construire la communauté par le don de sa vie apparaît dans d'autres documents : « Il sera toujours lourd le sacrifice de celui qui s'engage sous la croix épiscopale. Mais celle-ci imposée par le vicaire du Christ, un sentiment d'irrésistible affection se répand dans l'âme de l'Évêque, sentiment qui le pousse à aller où Dieu l'a envoyé » (RDM, 1912,626).

Cela me semble être un beau commentaire de Matthieu 18,12 et suivants : la force du Christ pousse l'Évêque jusque sur les montagnes pour chercher la brebis perdue.

Se référant à la visite faite à la Vierge du Sanctuaire de Pompéi, le Cardinal Ferrari écrit encore : « Je lui ai demandé, moi aussi, une grâce particulière. J'espère l'obtenir, grâce de me donner et de me dépenser pour vous, pour votre bien, de vous donner toutes mes forces et ma vie elle-même » (Lettre pastorale après la visite « ad limina », 1896). Cette vive intention de faire l'Église explique ses activités, ses allers et venues, surtout ses visites pastorales. Don Giovanni Rossi qui a été secrétaire du Cardinal Ferrari de 1909 à 1921 écrit : « L'archevêché de Milan était un palais adapté ni à la vie quotidienne d'un évêque ni à une large hospitalité. Anciennement, il servait aux Archevêques, souvent des patriciens milanais, seulement pour les grandes réceptions. Presque tous habitaient dans leurs palais nobiliaires.

Beaucoup disaient au Cardinal : "Éminence, votre

archevêché est bien désagréable, il n'a même pas un jardin !" Il répondait : "Un jardin ? Personne n'en a un aussi beau, aussi grand que le mien." Mais où est-il ? — C'est mon diocèse ! La visite pastorale fut sa passion. » (Jean Rossi, *Le Cardinal Ferrari*, 1956, p. 97.)

Un autre aspect très important de sa manière de faire l'Église était son amour du Pape.

Don Giovanni Rossi en témoigne encore dans ce même livre : « Il me disait souvent : Avant d'être archevêque de Milan, je suis prêtre romain, le Cardinal de Sainte-Anastasie » (*id.*, p. 83).

A partir de là, il réfléchissait à la dévotion au Pape qui correspond bien à la présence de Pierre telle que l'évoque Matthieu au chapitre 18, une présence qui détermine la manière d'être en Église et aussi la manière de la faire au quotidien grâce au discernement.

L'ÉGLISE FACE AUX CAS DE CONSCIENCE DE L'HISTOIRE (HOMÉLIE DU JEUDI DE LA 32e SEMAINE LITURGIQUE)

Saint Léon le Grand dont la liturgie fait la mémoire, est une grande figure de l'histoire de l'Église. Il fut élu pape en 440 et il mourut en 461. On l'appela « grand » à cause de son action pastorale très variée et en raison de ses sermons qui excellent par leur précision théologique et leur beauté littéraire.

Je voudrais rappeler en particulier l'influence qu'il exerça sur Newman quand il se livra à l'étude des controverses théologiques. La découverte, au travers des différentes doctrines concernant le Verbe incarné, du discours équilibré du pontife romain qui avait réuni les éléments du débat pour proposer des solutions pacifiantes et durables fut une des raisons du retour de Jean Newman à l'Église catholique.

La lettre de l'Apôtre Paul à Philémon

La première lecture de ce jeudi de la 32e semaine liturgique nous offre presque la moitié de la lettre de Paul à Philémon, chef-d'œuvre de plaidoirie affectueuse, riche de sentiments délicats et d'images. Elle est très belle non seulement par sa capacité à émouvoir mais à cause de ce qu'elle nous dit de l'Église primitive.

« Je rends sans cesse grâce à mon Dieu en faisant mémoire de toi dans mes prières, car j'entends louer ta charité et la foi qui t'anime, tant à l'égard du Seigneur Jésus qu'au bénéfice de tous les saints. Puisse cette foi rendre agissant son esprit d'entraide en t'éclairant pleinement sur tout le bien qu'il est en notre pouvoir d'accomplir pour le Christ. De fait, j'ai eu grande joie et consolation en apprenant ta charité : on me dit, frère, que tu as soulagé le cœur des saints !

C'est pourquoi, bien que j'aie dans le Christ tout le franc-parler nécessaire pour te prescrire ton devoir, je préfère invoquer la charité et te présenter une requête. Celui qui va parler, c'est Paul, le vieux Paul et, qui plus est, maintenant le prisonnier du Christ-Jésus. La requête est pour mon enfant, que j'ai engendré dans les chaînes, cet Onésime, qui jadis ne te fut guère utile, mais qui désormais te sera utile, comme il l'est devenu pour moi. Je te le renvoie, et lui, c'est comme mon propre cœur. Je désirais le retenir près de moi, pour qu'il me servît en ton nom dans ces chaînes que me vaut l'Évangile ; cependant je n'ai rien voulu faire sans ton assentiment, pour que ce bien fait ne parut pas t'être imposé, mais qu'il vînt de ton bon gré. Peut-être aussi Onésime ne t'a-t-il été retiré pour un temps afin de t'être rendu pour l'éternité, non plus comme un esclave, mais bien mieux qu'un esclave, comme un frère très cher : il l'est grandement pour moi, combien plus va-t-il l'être pour toi, et selon le monde et selon le Seigneur. Si donc tu as égard aux liens qui nous unissent, reçois-le comme si c'était moi. Et s'il t'a fait du tort ou te doit quelque chose, mets cela sur mon compte. Moi, Paul, je m'y engage de ma propre écriture : c'est moi qui réglerai [...]. Pour ne rien dire de la dette qui t'oblige toujours à mon endroit, et qui est toi-même ! Allons, frère, j'attends de toi ce service dans le Seigneur ; soulage mon cœur dans le Christ » (Phm 7-20).

Quel enseignement pour nous ?

Cette page étonnante nous montre comment l'Église primitive vivait l'Évangile. Paul aurait pu exprimer les exigences de la liberté et du respect de la personne, par conséquent de l'inhumanité de l'esclavage, avec des paroles dures, en termes de droits et de devoirs : il ne t'est pas permis, Philémon, de garder un esclave ; tu dois lui donner la liberté, je te l'ordonne. En fait, il s'adresse à Philémon avec une telle émotion, une telle affection que son discours est recevable, presque séduisant.

Ce qui est étonnant c'est que l'Église a su accueillir la puissance de la vie évangélique comme une vie nouvelle ; elle a été capable de rénover les relations humaines et les attitudes, capable de créer une humanité inédite.

Le texte de la lettre à Philémon nous apprend encore comment l'Église primitive affrontait des problèmes difficiles liés aux structures de péché car l'esclavage est une structure de péché, une de ces formes d'injustice et d'iniquité par lesquelles certains hommes abusent des autres.

L'Église s'est trouvée face à un cas de conscience dramatique, comparable à ce que nous vivons à propos de la guerre moderne. Cas de conscience historique qui court au long des siècles. En ce qui concerne l'esclavage, il a fallu beaucoup de temps pour arriver à en dénoncer expressément le caractère peccamineux.

Mais l'Église a cherché dès le début des solutions pratiques qui ont préparé graduellement le terrain pour manifester la force de l'Évangile même dans des structures corrompues.

La communauté chrétienne libère du mal les structures humaines non seulement en les dénonçant ou en rompant avec elles mais bien plus en y entrant et en les humanisant grâce à la force de la nouvelle vie évangélique.

La lettre à Philémon mérite d'être considérée au-delà du fait singulier qu'elle évoque. La raison pour laquelle, contrairement à d'autres billets personnels semblables, elle a été conservée dans le Canon du Nouveau Testament, tient au fait qu'elle contient l'enseignement authentique, officiel de l'Église. Elle est l'enseignement que nous trouvons dans les cinq discours de Matthieu.

La réponse fondamentale de Jésus

Jésus, dans le passage de l'Évangile de Luc qui nous est proposé comme seconde lecture de la liturgie d'aujourd'hui (Lc 17,20-25) répond aux pharisiens qui l'interrogent sur la venue du Royaume : « Le Royaume de Dieu ne se laisse pas observer. On ne dira pas : "Voici, il est ici ! ou bien : il est là !" Car voici que le Royaume de Dieu est au milieu de vous » (Lc 17,21).

Le Royaume de Dieu vient parce que Jésus le proclame avec force dans sa vie comme il le proclamera par sa souffrance, sa mort et son retour. Il vient partout où on l'accueille. Il est là quand on l'accueille, dans l'ordinaire de la vie quotidienne. Il dépend de nous de dire : le Royaume de Dieu est ici. Quant à Jésus, sa présence, ses mystères, ses sacrements, sa grâce et son Église, le Royaume de Dieu y est déjà opérant.

Il dépend de notre réponse de l'actualiser, personnellement et communautairement. Nous demandons au Seigneur la grâce de pouvoir donner une telle réponse à la présence privilégiée du Royaume au milieu de nous qu'est l'Eucharistie. Même elle, n'éveille pas l'attention, tellement elle est répétitive et banalisée. Et pourtant c'est en la répétant — ce qui nous fait risquer après quelques années de ne plus la célébrer avec l'éclat et l'enthousiasme des débuts — que nous pouvons dire en vérité : ici, dans ce mystère, le Royaume est caché. Je veux l'accueillir dans sa plénitude avec foi, espérance et charité en communiant au corps et au sang du Christ.

8

La communauté, victorieuse du mal par le bien

Correction fraternelle, pardon et recherche de ceux qui sont loin

Nous poursuivons la méditation sur « l'agir de la communauté » en nous arrêtant particulièrement à *l'aspect rédempteur*. L'Église, la première « rachetée », sert le monde, dont elle fait partie, par la rédemption. Nous allons essayer d'entrer dans ce mystère comme le Seigneur nous l'a présenté dans l'Évangile. Pour nous introduire dans ce thème, il est bon de répondre avant tout à deux questions qui complètent la réflexion faite à propos du chapitre 18 de Matthieu.

Quelles sont les ressemblances entre la communauté esquissée dans le discours ecclésial et nos communautés ?

Quelles sont au contraire les différences, les distances ?

1. Les ressemblances sont nombreuses malgré les deux mille ans qui nous séparent. Dans nos communautés, il ne manque pas de personnes faibles, égarées, chicaneuses, qui ont besoin de réconciliation et de correction fraternelle ; qui sont prétentieuses et réfractaires à se faire petit.

Il ne manque pas aussi de gens humbles, qui servent dans la joie, capables de se faire petits, qui prient et se sacrifient dans le secret, qui pardonnent.

Pour l'essentiel, rien n'est changé. L'Église est toujours traversée par les forces du bien et du mal, marquée par un combat qui ne consiste pas simplement à opposer le bien et le mal, mais bien plutôt à tirer le bien du mal, à vaincre le mal par le bien. C'est là, nous pouvons le dire, la caractéristique, la gloire divine de la communauté chrétienne. En ce sens, il y a continuité entre le passé et le présent : le Seigneur a veillé sur son Église mais Satan de son côté n'a pas dormi.

2. Il y a des différences bien sûr. J'en indique trois, négatives tout au moins eu égard aux requêtes que Jésus adresse à une communauté réelle, c'est-à-dire faible, fragile, quelque peu divisée et fatiguée, et non pas à une Église idéale.

La première différence tient au fait que nous ne prenons pas au sérieux, et que par conséquent nous pratiquons peu la *correction fraternelle* qui est pourtant centrale dans le discours : « Si un de tes frères commet une faute, va le trouver, reprends-le seul à seul » (Mt 18-15).

Il est urgent de prendre conscience que nous sommes devant la première valeur évangélique. Il ne faut pas la perdre de vue quand apparaissent des divergences, des tensions et des péchés. Je parle de *conscience* d'abord et non de pratique : celle-ci fut difficile même dans les communautés apostoliques.

Cette conscience, à mon avis, est trop rare. La correction fraternelle n'est pas en honneur. Quand on a quelque chose contre son frère, on préfère dire du mal de lui dans son dos ou de le dénoncer à des supérieurs ou immédiatement se disputer et rompre avec lui, tout autant d'attitudes qui ne sont pas celles de la correction fraternelle. Je l'avoue, je m'étonne souvent et je m'inquiète de voir que les étapes proposées par Jésus ne sont pas respectées. Pourquoi ne parlons-nous pas d'abord avec la personne intéressée ? C'est certainement pénible mais rien ne peut nous dispenser de la règle écrite en Matthieu 18,15 et suivants, c'est-à-dire du devoir d'essayer d'abord « seul à seul », devoir qui requiert beaucoup de sincérité et d'humilité.

Il est plus facile de gémir avec les autres que de traiter directement. C'est une attitude anti-évangélique. Je crois que tous les membres de nos communautés devraient se souvenir que le premier pas doit toujours être fait : « Reprends ton frère seul à seul. S'il t'écoute, tu auras gagné ton frère » (Mt 18,15). Ton intervention sera alors signe du Royaume de Dieu. « S'il ne t'écoute pas, prends encore un ou deux autres, pour que toute affaire soit décidée sur la parole de deux ou trois témoins. Que s'il refuse de les écouter, dis-le à la communauté. Et s'il refuse d'écouter même la communauté, qu'il soit pour toi, comme le païen et le publicain » (Mt 18,15-17). Notons la sagesse de la gradation !

Si nous tenons peu compte du premier degré de la correction fraternelle, si nous télescopons la relation avec l'autre, le Royaume ne vient pas.

Les relations internes de la communauté doivent éliminer conflit, accusation et vengeance, mais elles ne sont pas faites pour autant d'approbations et de louanges seulement.

Je pense qu'une des raisons pour lesquelles il est difficile de pratiquer la correction fraternelle c'est de savoir qu'en s'adressant personnellement à celui qui a péché, nous nous laissions facilement dominer par la colère, par un subtil désir de punir, mais ce même désir nous pouvons l'exprimer par le mutisme, la distance ou la froideur.

Prions donc le Seigneur qu'il nous rende conscients que ce précepte de Matthieu (18-15) est fondamental. Si l'Église ne donne pas l'exemple, si elle ne vit pas la simplicité évangélique, mais au contraire les imbroglios hiérarchiques du pouvoir, elle n'est pas en mesure d'aider la société sur ce point.

Jésus admet le recours à d'autres instances, cependant il procède avec une extrême délicatesse et le recours à la hiérarchie est possible seulement après le dialogue fraternel et en présence de témoins.

La charité fraternelle ne se manifeste pas quand tout va bien, quand on est d'accord, quand on ne se heurte pas. Le vrai chemin de la communauté chrétienne commence au moment où apparaissent des divergences de vues, d'opinions, de prises de position car c'est alors que nous sommes en mesure de témoigner de notre capacité de délier les nœuds de nos relations, de témoigner de notre conscience d'être frères et sœurs, enfants de l'unique Père.

La seconde différence est rappelée aux versets 21 et 22. Pierre pose la question : « Seigneur, quand mon frère commettra une faute à mon égard, combien de fois devrai-je lui pardonner ? Jusqu'à sept fois ? Jésus lui dit : je ne te dis pas jusqu'à sept fois, mais jusqu'à soixante-dix fois sept fois. »

Cette conviction de devoir toujours pardonner (490 fois !) est peu présente, je dirais même qu'elle manque beaucoup dans nos communautés qui résolvent les problèmes en éloignant les personnes, en les écartant. Je pense aux attitudes des laïcs vis-à-vis des bénévoles, des laïcs à l'égard des prêtres et des prêtres eux-mêmes. On ne connaît pas la réconciliation. Dommageable mentalité, notre propre mentalité, la mentalité du monde, cause, par exemple, de la multiplication des divorces. On a la conviction, dans notre société, que si une relation est rompue, elle l'est pour toujours, sans réconciliation possible.

L'Église, appelée à guérir la société, a le devoir de témoigner, de faire croire en la possibilité de pardonner, de supporter, de patienter. Pardonner jusqu'à soixante-dix fois sept fois, cela signifie avoir beaucoup de patience, supporter beaucoup, faire confiance et accepter des situations un peu lourdes. Si les communautés, les premières, ne savent pas pardonner, elles déclarent par cela même, qu'elles ne sont pas dans la ligne évangélique de la réconciliation.

Essayons de nous demander : dans nos organisations, mettons-nous comme premières valeurs la relation fraternelle et la réconciliation ? Si oui, la structure avec ses ressources et son efficacité, fonctionnera bien ; dans le cas contraire, elle ne portera pas de fruits évangéliques.

La troisième différence, elle aussi grave, je la trouve exprimée en Matthieu (18,12-24), la parabole de la brebis égarée : le berger qui a perdu une de ses cent brebis, part à sa recherche, laissant les quatre-vingt-dix-neuf autres. Et s'il s'en égarait quatre-vingt-dix-neuf ? Le problème alors changerait de dimensions ! Une des plus grandes difficultés de l'Église tient au fait que trop nombreuses sont les personnes égarées.

Ce phénomène *déséquilibre les communautés*. Ce n'était pas le cas à l'époque de l'évangéliste Matthieu. Mais déjà quand le christianisme devint religion d'État (à l'époque de l'empereur Constantin et encore plus à celle d'Ambroise), vint le danger d'entrer très facilement dans l'Église et d'en sortir aussi facilement.

Cette évolution s'est beaucoup développée avec les mouvements massifs de conversion. Elle a pesé et elle pèse encore sur le christianisme non seulement occidental mais aussi sur celui d'autres pays. Dans les jeunes Églises, les contestations à propos du divorce et de la bigamie, provoquent le départ de beaucoup de personnes.

C'est précisément pour cette raison que l'encyclique *Redemptoris missio* réfléchit sur le thème de la mission envers « ceux qui sont loin » et en même temps sur le thème de la réinsertion.

Que pouvons-nous faire ?

Il est clair que s'agissant d'un nombre élevé de personnes, le prêtre ne peut toutes les rencontrer. Le problème concerne chaque laïc. L'Église appelle tout croyant à se faire *apôtre* dans son milieu, à favoriser des moments de réconciliation, d'une nouvelle entente entre la communauté et ceux qui l'ont abandonnée. Chacun doit avoir conscience d'être cet homme qui part à la recherche de la brebis égarée car le pasteur n'est pas en mesure d'en assumer toute la responsabilité. Le prêtre s'occupe des proches afin que les proches se vouent à ceux qui sont loin et soient pour eux les témoins du Royaume. On ne réussira pas toujours à ramener physiquement les égarés dans l'Église. Il est suffisant toutefois de susciter la nostalgie de l'Évangile, la soif de l'éternité et l'amour des valeurs que Jésus a incarnées.

Ma seconde réflexion est une pure supposition. Le Seigneur peut en effet nous réserver la surprise de retours en masse.

Mais, à considérer la situation actuelle, sauf changements radicaux, il nous est très difficile de les espérer. La parole de Matthieu : « Le Père qui est aux cieux ne veut pas qu'un seul de ces petits se perde », nous revient à l'esprit.

Occupe-toi d'une seule brebis ! Il faut partir à la recherche de chacun. Le souci de faire revenir tous ceux qui sont éloignés finit par être inutile. C'est à chacun qu'il faut porter attention. J'en suis convaincu, dans des métropoles comme Milan, beaucoup d'hommes et de femmes, chaque jour, passent un à un de l'indifférence ou de la non-foi à la foi. Si, au passage de cette frontière, ils trouvent un ami qui les aide, ils en tirent le plus grand bienfait. A l'inverse, il y a tant de personnes qui passent de la foi quelque peu sommeillante à l'indifférence ou à l'incroyance. Ce passage n'aurait pas lieu si elles rencontraient quelqu'un qui les approche avec amour, avec humilité, qui se fasse leur compagnon de voyage.

L'hypothèse de « l'un uniquement » est donc toujours valable. C'est la personne au singulier qui a valeur, que nous devons accueillir.

C'est le singulier pour lequel nous devons nous réjouir. Si nous nous réjouissons pour une personne, nous nous réjouirons pour des groupes et peut-être pour des masses. Dispersés aujourd'hui, nous devons être le levain dans la pâte, comme les tiges de blé au milieu de l'ivraie.

Nous devons nous préoccuper de l'ivraie, d'abord celle qui est en nous, puis celle qui est autour de nous, avec le vif désir qu'elle devienne bonne. Vivant ainsi intensément le Royaume, nous le ferons et le rayonnerons.

Après ces considérations provoquées par le discours de Matthieu, je vous indique deux références qui concernent la paroisse, un des lieux où se réalise ce que nous avons dit.

La première est l'encyclique *Christifideles laïci* n° 26 ; la seconde est le discours du Pape adressé aux Évêques de Lombardie, intitulé « Formés à une foi adulte ». Ces deux documents soulignent la paroisse comme le cœur de la nouvelle évangélisation.

Maintenant, nous nous arrêtons sur l'aspect rédempteur de l'Église, sur le thème de la réconciliation du pécheur, du pardon, de la brebis égarée ; en somme, sur la loi de la croix et enfin sur la communauté qui doit vaincre le mal de son temps par le bien.

LE MAL

L'Église a mission de collaborer à la Rédemption du monde opérée par Jésus. En partant de l'exemple du Cardinal Ferrari qui avait un sens très aigu des maux de l'époque moderne, et avec le désir de comprendre un peu sa souffrance et d'y prendre une part, nous nous demandons : *quel est le mal de notre temps ?*

Nous ne parlons pas des bons et des méchants, faisant aussitôt une distinction entre celui qui l'est et celui qui ne l'est pas, mais du *mal*, de ce mal dans lequel nous sommes tous immergés, qui nous touche tous, qui nous menace tous, auquel d'une certaine manière nous participons tous, et duquel nous sommes tous plus ou moins complices. Nous savons en effet que les hommes sont faibles, même si beaucoup ont de bonnes intentions. Ils tombent dans l'erreur et les erreurs s'accumulent. Nous constatons à tout moment que le mal existe. Il est à trois niveaux : au niveau individuel, au niveau collectif et au niveau universel. Il atteint toutes les formes de la vie humaine, particulièrement la culture.

Le mal individuel, c'est-à-dire les transgressions, les péchés, les fautes qui arrivent chaque jour : homicides, vols, exactions, infidélités, adultères, cruautés, avortements, drogue, violences, mensonges, trahisons, ruptures de contrats, inimitiés, tromperies, envies, toutes ces laideurs qui remplissent les pages des journaux, qui entrent dans les familles, les bouleversent, les font pleurer ; qui engendrent vengeances, remords, désespoirs, suicides, fuites, et sont souvent liés à des troubles psychologiques. En somme, l'ensemble des actions anti-évangéliques qui aliènent la personne, la rendent triste et malheureuse. Nous ne voulons culpabiliser personne mais nous ne pouvons taire que malgré les bonnes intentions, les déviances, les faiblesses et les erreurs sont nombreuses, que le nombre de maux est illimité.

Le mal collectif est une seconde étape : les déviances individuelles engendrent des situations corrompues qui, à leur tour, entraînent individus et groupes au péché. C'est ainsi que le mal grandit dans l'histoire : les injustices s'additionnent et à travers les vengeances qu'elles suscitent, elles donnent naissance à des mouvements de haine. Les intérêts louches s'associent pour gagner davantage et c'est ainsi que naissent des associations de fraudeurs. Le pouvoir réunit ceux qui en sont avides et c'est ainsi qu'arrivent les scandales politiques. Les maux ne restent pas individuels ni ils ne sont le fait seulement de transgressions individuelles, ils deviennent des torrents, des fleuves de boue, de corruption et de haine. Les expressions les plus dramatiques du mal collectif sont les guerres : elles sont comme des condensés de violence institutionnalisée et par conséquent très puissantes.

Outre les guerres, il faut signaler toutes les structures dites de péché qui par l'injustice, par des liens de complicité ou par la loi du silence, contraignent presque les gens à prévariquer. Qui vit dans certains milieux ne sait vraiment pas comment éviter les violations de la loi ou de la morale.

Ce sont précisément les maux collectifs, somme de maux individuels devenus des institutions perverses qui annihilent la liberté des personnes, des conglomérats d'orgueil et de pouvoir injuste qui pèsent sur le petit peuple.

Il suffit de penser aux mécanismes ou aux réseaux de la distribution de la drogue, aux trafics des armes, aux phénomènes de la Mafia, de la Camorra, de toutes les situations sociales où le péché semble être vainqueur, où il semble s'imposer comme une nécessité.

Je pense à tout cela quand je parle du mal dans le monde. Je puis en être protégé en un certain sens ; je puis être privilégié, mais beaucoup d'hommes et de femmes sont en plein dedans. Ils se trouvent dans de telles conditions d'aliénation, de pauvreté, d'exploitation, de loi du silence qu'ils ne savent plus comment vivre honnêtement. Ils ne s'aperçoivent même plus qu'ils compromettent leur conscience.

Le mal global ou culturel (culturel à cause de la manière dont il s'exprime) revêt les formes du péché collectif, des formes qui en arrivent à se légitimer, se justifier par des théories, et celles-ci les donnent comme tout à fait utiles ou nécessaires.

Sont de ce type les nationalismes exaspérés, causes de guerres et de violences ; l'antisémitisme ; les racismes, les injustices des pays riches qui se retranchent derrière leurs privilèges ; toutes les théories qui justifient le mal, l'arbitraire, la permissivité morale, qui réduisent la valeur de la raison ou bafouent la foi ; et toutes les formes du mal plus graves que les précédentes parce qu'elles donnent au mal un aspect respectable, attrayant et même savant. Ce sont les idéologies qui ont sévi en Europe ces deux derniers siècles, en particulier en Italie, en instaurant l'impunité morale et civile d'énormes transgressions qui portèrent atteinte à la personne elle-même.

Les maux culturels viennent souvent d'intuitions justes et vraies, d'intuitions nées parfois de l'Évangile lui-même, mais devenues folles, réduites à une idéologie. Ce n'est pas par hasard si les gens en subissent l'attraction, la fascination. Sans ces idéologies, on ne s'expliquerait ni les horreurs accomplies par l'homme moderne dans les camps de concentration et d'extermination, ni la torture systématique. Ces mêmes carnages perpétrés dans certaines régions du monde sont générés par des folies collectives dont il faut rechercher les causes dans les doctrines en cours.

J'ai essayé de montrer la complexité de la méchanceté que nous appelons le « mal du monde », le « péché du monde ». Il est clair que le mal n'est jamais à l'état pur parce que le bien prend tant de formes positives et significatives, tant de formes de progrès et de vérité. Toutefois le mal agresse ce qui est bien ; il essaie de le gangrener ; il le ronge de l'intérieur pour le renverser. C'est l'histoire humaine, l'histoire de tous les temps, de toutes les époques.

La loi de la croix

Comment s'opposer au mal ? Mieux, qu'est-ce que Dieu pense du mal ? La réponse est donnée par l'incroyable révélation du Nouveau Testament, une réponse qui, étrangement, est souvent un obstacle pour la foi : Dieu a connaissance du mal, il en évalue toute la pourriture, il le déteste, et précisément pour cette raison, il l'a investi par sa miséricorde rédemptrice et rénovatrice que son Fils, Dieu fait homme, annonce à tous ceux qui veulent rompre avec la « génération perverse et mauvaise » et retrouver la voie de la vérité.

Certes, Dieu a le pouvoir d'anéantir le mal en anéantissant les hommes mauvais, solution que nous souhaitons parfois et que nous formulons par cette prière : « Seigneur, pourquoi ne détruis-tu pas les méchants ? »

Il préfère ne pas écarter le mal par un acte de puissance qui écraserait la liberté de l'homme mais bien plutôt s'introduire en lui par son Fils fait homme, qui proclame le pardon et la conversion, qui prend sur lui les conséquences du péché pour les anéantir dans sa propre chair crucifiée. C'est la mystérieuse *loi de la croix*, le principe selon lequel le mal n'est pas éliminé mais changé en bien par la puissance de la mort du Christ, et à son exemple.

Suivant cette loi, Jésus devient « pour tous ceux qui lui obéissent principe de salut éternel » (Hb 5,9). Puis cette loi même devient celle des membres, c'est-à-dire de ceux qui reçoivent de lui le salut par le baptême. Par leur active collaboration, ils se laissent conformer à Jésus dans sa vie et sa mort pour vaincre avec lui le mal dans leur chair.

Le Christ se situe ainsi dans le monde, comme le principe de Rédemption et de régénération. Il témoigne du Royaume vainqueur du mal par le pardon et la miséricorde.

Ceux qui acceptent de s'engager sur ce chemin de régénération, doivent entrer dans le mal du monde pour en tirer le bien de la foi, de l'espérance, de la charité, de l'amour des ennemis, de l'édification du Corps du Christ qu'est l'Église.

Revenons au Discours sur la montagne : bienheureux les miséricordieux ; bienheureux les persécutés à cause de leur amour de la justice ; bienheureux quand ils diront du mal de vous à cause de moi ; présentez l'autre joue à celui qui vous fait du mal car si vous aimez seulement celui qui vous aime, vous n'avez aucun mérite.

Entrer dans le mal comme le fait Jésus, pour le vaincre, est un mystère si difficile à comprendre, à accueillir et à vivre qu'il est nécessaire de s'y employer toute sa vie. Chaque fois que nous nous surprenons à dire : pourquoi ainsi, pourquoi pas autrement, nous devons nous adonner alors à une longue contemplation du Crucifié et la répéter.

Nous devons admettre que nous n'avons pas encore assimilé la manière d'agir de Dieu dans le monde pécheur dont chacun fait partie, étant solidaire parfois par la loi du silence ou plus souvent par paresse ou négligence. Nous ne croyons pas vraiment que Dieu nous libère et nous rappelle à vaincre en lui et avec lui le mal par le bien en pardonnant, en étant patient et miséricordieux.

La loi de la croix est donc fondamentale, stupéfiante. Elle a une efficacité souveraine dans le domaine de l'Esprit. Elle est applicable à tous les événements de la vie humaine.

Elle est le mystère du Royaume de Dieu, le mystère des paraboles, la loi de l'Évangile.

Cependant, comme le dit l'apôtre Paul (1 Co 1,18-31 ;

2,10-16), ce n'est pas une loi que l'intelligence humaine peut naturellement accepter. On ne peut la justifier si on la déconnecte de la vie du Christ. L'intelligence humaine normalement la refuse. Elle ne réussit pas à l'accepter sans la foi. La croix est féconde; elle opère la Rédemption avant tout chez celui qui l'accueille. Elle purifie alors tout ce qui l'entoure. Personne ne peut la comprendre s'il ne la voit en Jésus, en ceux qui la vivent et s'il n'en fait ensuite lui-même l'expérience. Dans sa lettre aux Philippiens, Paul affirme que beaucoup sont ennemis de la Croix du Christ (Ph 3,18), faisant allusion à tous ceux qui, du dehors, ne comprennent pas les paraboles (« à eux, il n'a pas été donné » : Mt 13,10; « à ceux du dehors, il n'a pas été donné » : Mc 4,11), mais aussi dans la communauté où beaucoup d'entre nous, dans les moments de relâchement de la volonté, de fatigue, de démobilisation morale, se rebellent. Les pires ennemis de la Croix du Christ sont ceux qui ont développé contre elle une philosophie, une idéologie, les grandes idéologies qui subjuguent les masses en posant comme principe l'efficacité et la puissance, c'est-à-dire vaincre le mal par la force, la vengeance ou la revendication.

Les idéologies sont très loin de la croix de Jésus qui vainc le mal par le bien, en s'offrant lui-même jusqu'au don de la vie.

L'aspect rédempteur du ministère

Réfléchissons maintenant à la fonction rédemptrice de la communauté qui est appelée à collaborer avec Jésus dans le combat contre le mal par le bien. Combat contre le mal d'abord *en soi*, contre toutes les formes de dégradation qui sont présentées par Matthieu au chapitre 18 et qu'il faut constamment éliminer par la correction fraternelle, le pardon et la recherche de celui qui s'est égaré. Puis combat contre le mal *autour de soi* par les différentes manières de rayonner la vie évangélique.

Il y a donc un aspect rédempteur du ministère ecclésial en direction de l'extérieur. Il ne suffit pas que les disciples vainquent le mal en eux par le bien de la grâce, du pardon, de la miséricorde, de la mortification et du passage de la mort à la vie, car l'Église existe aussi pour le monde. Elle est faite pour actualiser le Royaume de Dieu non seulement en elle mais dans toute la société humaine.

Elle est à la fois le commencement et l'instrument du Royaume. Elle doit œuvrer non par la force qui détruit les méchants mais par la force du bien qui en entrant dans le mal du monde même quand il se déchaîne rageusement et aveuglément, le rachète, le purifie, le retourne par la miséricorde et le pardon, et génère une existence nouvelle.

Comme les aliénations individuelles ou générales, comme les péchés personnels, collectifs ou culturels détruisent la société, ainsi l'amour qui se sacrifie, la charité chrétienne, le don parfois incompris, réconcilient l'homme avec son être véritable, dans sa réalité de personne, et défont le mal initié par les péchés collectifs et consolidé par les idéologies.

Je suis en train de parler d'une lutte constructive dans laquelle l'Église s'est engagée pour éliminer le mal de chacun et, par l'action de chacun, s'opposer au mal collectif et global. Il s'agit d'un travail continu, d'une lutte permanente, jamais achevée, car la force du mal se régénère et revient toujours. Il est très difficile d'évaluer les résultats d'un tel combat : avons-nous fait des progrès depuis vingt ou trente ans ? Ce n'est pas sur un chemin rectiligne que l'Église marche, répandant peu à peu son message qui ne saurait être accueilli comme par des élèves en nombre croissant.

La lutte est très sérieuse. Les communautés ont à se reconstituer dans le bien, à combattre le mal par l'Eucharistie et le sacrement de Réconciliation, sachant cependant clairement que le mal menace, ronge et corrompt toujours.

D'une part, nous devons par conséquent refaire le tissu des communautés, déchirées par les déviances internes, selon l'enseignement de Matthieu au chapitre 18. D'autre part, il faut agir pour refaire la trame d'une société humaine plus vivable — ce serait déjà beaucoup ! — en combattant sans cesse les transgressions singulières, les maux collectifs et le péché qui se coagule dans les idéologies. Cette action jette dans la société des graines d'authenticité. Action que l'Église conduit avec la force de l'Évangile, par la prédication, le pardon, l'amour des ennemis, la lumière de la ville sur la montagne ou de la lampe sur le candélabre, par les béatitudes et par conséquent même par la souffrance, en accueillant en soi les conséquences négatives du mal, en assumant les pesanteurs de sa propre humanité.

L'action rédemptrice et reconstitutive du tissu social tend à montrer à travers chacun, à travers les communautés ecclésiales et les institutions ecclésiastiques, comment il est possible de vivre plus honnêtement dans la société, comment il est possible de vivre selon la justice et la fraternité, en renonçant à la violence, à la vengeance ou à la revanche. Elle contribue à montrer comment sont déviantes les idéologies négatives et comment la foi prône le véritable progrès de la société.

Cette action de proposition des communautés chrétiennes est évidemment contrariée, contredite, remise toujours en question. Mais c'est vraiment ainsi qu'elles sont vivantes et se sanctifient.

La situation conflictuelle est, de fait, la condition normale du chrétien plongé dans le mal de la société quand il a pris conscience de celui-ci et qu'il a accepté de le vaincre avec Jésus dans sa vie de chaque jour.

Le Cardinal Ferrari avait compris l'enjeu. Son ministère a aidé l'Église à se rendre compte de « l'état d'urgence » dans laquelle elle se trouve, selon l'expression de Madeleine Delbrêl, ou comme disait Blaise Pascal : « être en agonie jusqu'à la fin du monde », être en état de lutte.

Prendre conscience de cela, avec les armes de la foi, de l'espérance, des béatitudes et des fruits de l'Esprit (« amour, joie, paix, patience, bienveillance, bonté, fidélité, douceur, maîtrise de soi » Ga 5,22), tel est le devoir que le prêtre doit accomplir en lui, et promouvoir, soutenir et redire inlassablement aux autres. Alors, la vie chrétienne, la vie des disciples de Jésus apparaît belle, forte, courageuse, digne d'être offerte. Nous sommes appelés à cela, dans une profonde communion d'esprit et il nous faut prier les uns pour les autres afin que cette communion grandisse parmi nous.

9

Le jugement de « l'agir »
Matthieu 24 et 25

Nous en arrivons au cinquième et grand discours de Jésus : le discours eschatologique. Dans l'Évangile selon saint Matthieu, il est rapporté dans les chapitres 24 et 25. Nous avons le sentiment que ces pages sont très loin de nous. Elles sont même les plus difficiles à expliquer. Quand la liturgie les présente les premières semaines du temps de l'Avent dans le rite ambroisien et pendant les dernières semaines du temps ordinaire dans le rite romain, nous sommes toujours un peu embarrassés pour préparer nos homélies.

Une des raisons de cette distance et de cette difficulté, c'est qu'au fond nous avons peur de la mort. Le discours eschatologique parle de la fin des temps, de la fin de la vie humaine et, malgré la fatigue et la pesanteur des jours qui constituent la trame de l'existence, nous sommes attachés à « l'agir » quotidien, à la vie terrestre.

J'ai eu l'occasion de noter la même difficulté dans ma lettre pastorale sur le thème « veiller », intitulée : « Je me tiens à la porte ». Cette vigilance a aussitôt été interprétée comme une vigilance temporelle : veiller à la politique, à l'honnête administration de la chose publique, à la communication, mais non dans son sens plus proprement théologique à savoir l'attente de la venue du Seigneur et des réalités futures.

C'est pourquoi je considère que notre méditation est utile. Elle relativisera et mettra dans une juste perspective toutes nos expériences quotidiennes et le « faire » du Royaume, perspective qui, seule, peut mettre vraiment en lumière ce que nous sommes et ce que nous faisons. La traduction dans le langage contemporain des symboles employés par Jésus, typiques du genre littéraire apocalyptique de son époque n'est pas évident.

On ne peut toutefois parler des réalités hors du temps que symboliquement. Il faut dire que des pages comme celles-ci requièrent une véritable et particulière ascèse de l'esprit.

Vers la fin du chapitre 25, le roi-juge, après avoir séparé les deux catégories de gens et avoir mis les uns à sa droite, les autres à sa gauche, dit aux uns : « Chaque fois que vous avez fait ces choses au plus petit de mes frères, c'est à moi que vous l'avez fait » (v. 40) et aux autres : « Chaque fois que vous n'avez pas fait ces choses à l'un des plus petits de mes frères, c'est à moi que vous ne l'avez pas fait » (v. 45).

Il s'agit d'un jugement sur le « faire ». Le « faire » et le « non faire » sont soumis au dernier jugement. Relisons les deux chapitres sous cet éclairage. Le discours eschatologique est le plus long des cinq discours de l'Évangile de Matthieu. Nous le lisons dans les trois évangiles synoptiques, c'est dire que ces chapitres 24 et 25 de Matthieu trouvent le plus grand nombre de références et de versets parallèles dans les évangiles de Luc et de Marc.

Nous en tirons la conviction qu'y sont traités des sujets de grande importance pour la culture d'alors : on vivait dans un climat d'attente de la fin du monde, de palingénèse. On se posait sans cesse des questions au sujet du lieu et du comment de la fin du monde, au sujet des signes annonciateurs possibles.

Aujourd'hui, de tels problèmes sont loin de notre culture sécularisée, même si quelques sectes nommées précisément « eschatologiques » cherchent à donner des réponses et à les diffuser.

LECTURE DU DISCOURS ESCHATOLOGIQUE

Les antécédents

Comme introduction à cette lecture, et comme pour les autres discours, nous nous demanderons si nous rencontrons des antécédents de ce thème (chapitres 24 et 25) dans l'Évangile de Matthieu.

Certaines données sont nouvelles. Elles arrivent pour la première fois, comme par surprise.

La citation littérale du verset 24 chapitre 10 aux versets 9b et 13 du chapitre 24 est un exemple intéressant. « Vous serez haïs de tous, écrit-il au verset 24, chapitre 10, à cause de mon nom mais celui qui tiendra bon jusqu'au bout, celui-là sera sauvé. » Il redit la même chose au verset 9b du chapitre 24 : « Vous serez haïs de toutes les nations à cause de mon nom. » Mais il ajoute (24,13) : « Celui qui aura tenu bon jusqu'au bout sera sauvé. » Dans le discours eschatologique, l'horizon s'élargit : il s'agit de « tous les peuples ». Toutefois la phrase est la même. Elle signale le lien étroit qui existe entre les deux chapitres. Nous rencontrerons ainsi d'autres antécédents au cours de la méditation, surtout dans le discours sur la montagne qui est repris et porté ainsi jusqu'à ses ultimes conséquences.

Le plan

Nous diviserons ces chapitres en cinq parties.

— *La scène initiale* nous met face au Temple de Jérusalem : « Comme Jésus sortait du Temple et s'en allait, ses disciples s'approchèrent pour lui faire voir les constructions du Temple. Mais il leur répondit : « Vous voyez tout cela, n'est-ce pas ? En vérité, je vous le dis, il ne restera pas ici pierre sur pierre qui ne soit jetée bas. » Et comme il était assis sur le mont des Oliviers, les disciples s'approchèrent de lui, en particulier, et demandèrent : « Dis-nous quand cela aura lieu, et quel sera le signe de ton avènement et la fin du monde » (24,1-3).

Le discours a donc comme point de départ l'affirmation de Jésus et la question des disciples sur le temps de sa venue.

— *Les versets 4 à 28 décrivent les événements qui courent de ce moment jusqu'à la venue du Fils de l'Homme.*

Surtout des guerres et des catastrophes : « Vous entendrez parler de guerres et de rumeurs de guerre... On se dressera nation contre nation et royaume contre royaume. Il y aura par endroits des famines et des tremblements de terre » (v. 4 à 8).

Et des persécutions déjà annoncées dans le discours missionnaire au chapitre 10 : « Alors on vous livrera aux tourments et on vous tuera. Vous serez haïs de toutes les nations à cause de mon nom [...]. Des faux prophètes surgiront nombreux et abuseront bien des gens. Par suite de l'iniquité croissante, l'amour se refroidira chez le grand nombre. Mais celui qui aura tenu bon jusqu'au bout, celui-là sera sauvé » (Mt 24,9-14).

Enfin, ce sera la grande tribulation de Jérusalem : « Quand vous verrez l'abomination de la désolation [...] alors que ceux qui seront en Judée s'enfuient dans les montagnes [...]. Il y aura une grande tribulation telle qu'il n'y en a pas eu depuis le commencement du monde jusqu'à ce jour » (Mt 24,15-25).

L'attention se concentre particulièrement sur la ville sainte, centre de cette section du discours. Puisque la fin de Jérusalem a été la fin d'un monde culturel et religieux, la fin de la Jérusalem historique juive devient le symbole de la fin de toute l'histoire. Aussi ces deux thèmes se croisent.

— Après l'énumération des malheurs et des souffrances qui représentent les maux personnels, collectifs et structurels de l'histoire, Matthieu écrit que la venue du Fils de l'Homme sera manifestée « avec puissance et grande gloire. Il enverra ses anges avec une trompette sonore pour rassembler ses élus des quatre vents, des extrémités des cieux à leurs extrémités » (Mt 24,30-31).

Le fils de l'Homme vient accomplir le dessein du Père : rassembler le peuple de Dieu.

Le message lancé par Jésus à Israël devient universel. La fin du monde coïncide avec le but fixé par le Père, à savoir l'unité de tous les hommes et de toutes les femmes de la terre.

— La quatrième partie rassemble des exhortations à la vigilance. Elles sont exprimées aux versets 32 à 44 du chapitre 24.

Le figuier : « Du figuier apprenez cette parabole... » (Mt 24,32-36).

Les jours de Noé : « Comme les jours de Noé, ainsi sera l'avènement du Fils de l'Homme .. » (Mt 24,37-42).

L'image du voleur qui vient : « Si le maître de maison avait su à quelle heure de la nuit le voleur viendrait... » (Mt 24,43-44).

— Suivent les paraboles sur les attitudes à avoir pour la venue du Seigneur : chapitre 24,45 au chapitre 25,46.

Il s'agit de quatre exemples en duos (attitudes positives et attitudes négatives) où cependant l'accent est mis sur la mise en garde de celui qui ne se préoccupe pas de cette venue, de celui qui n'y pense pas, de celui qui ne vit pas le « faire » du Royaume et met ainsi en péril son existence, la vraie réussite de sa vie. En voici l'énumération.

La parabole des majordomes, l'un avisé et l'autre mauvais (Mt 24,45-51).

La parabole des dix jeunes filles : les unes sages et les autres sottes (Mt 25,1-13).

La parabole des talents, de ceux qui les font fructifier et de ceux qui par peur les cachent (Mt 25,14-30).

Enfin, la parabole du jugement dernier : ceux qui ont pratiqué les œuvres de miséricorde et ceux qui ne les ont pas pratiquées (Mt 25,31-46).

Quatre manières différentes d'exprimer la nécessité de la vigilance, presque en crescendo, jusqu'à la dernière scène du jugement eschatologique.

Je ne m'attarde pas davantage sur la lecture de ces chapitres mais il me presse de vous recommander de les lire et de les méditer attentivement : ils rassemblent de nombreuses perles et sont riches en exhortations pratiques.

LE MESSAGE DE MATTHIEU (CHAPITRES 24 ET 25)

Que dit le discours eschatologique (Mt 24 et 25) à notre mentalité moderne, étrangère à ces thèmes.

Je crois pouvoir exprimer un triple message.

— Il y a d'abord un jugement sur le « faire », la pratique de ce monde. Jugement sur ce que nous appelons l'histoire. Jugement qui n'est confié ni aux philosophes, ni aux historiens, ni aux sociologues, ni aux hommes politiques, et pas même à la conscience personnelle.

Le monde est jugé par quelque chose qui n'est pas de ce monde ; quelque chose qui n'est pas accepté par l'esprit rationaliste, présent en chacun de nous. Le monde se prend lui-même comme référence exclusive quand bien même il se condamne en disant que rien n'a de sens, que tout est absurde. L'idée qu'un jugement puisse venir d'ailleurs lui répugne.

Nous sommes donc devant une parole de foi, très forte, percutante : le « faire » du monde n'est pas jugé de l'intérieur même de l'histoire mais bien de l'extérieur, d'en-haut. Nous voyons là une opposition directe à l'esprit du monde : celui-ci veut que tout se passe dans le cercle de nos relations et de nos jugements, dans le cercle de nos raisonnements et de nos volontés.

Nous constatons toutefois que si le monde se révolte contre un jugement qui vient de l'extérieur, par ailleurs il aspire à un jugement différent car il se demande s'il vaut la peine de faire ce qu'il fait, si ce qu'il fait est meilleur que son contraire. C'est un des grands thèmes de l'encyclique *Veritatis Splendor* : la morale a besoin d'un référent, elle n'est pas auto-référentielle.

Ce référent est intrinsèque à l'homme du moment que l'humanité est constituée par sa relation profonde avec Dieu. Si l'homme n'est pas en mesure de reconnaître la paternité divine et sa relation avec Dieu, il s'égare et ne peut savoir quelle valeur peut avoir ce qu'il fait.

C'est là, la cause de l'égarement du monde actuel, et par voie de conséquence l'arbitraire de la morale. N'ayant pas d'autres critères, on prend comme critère le succès, l'utile, l'immédiat, le plaisir, tout ce qui dans la vie est mesurable.

Dans les chapitres 24 et 25 de l'Évangile de Matthieu, Jésus affirme qu'il existe un jugement sur le « faire » des hommes qui est le fondement de la paix parce qu'il offre un référent.

— La seconde parole, libérante, mais de nouveau difficile à accepter, c'est que l'agir des hommes a une fin. Le monde que l'homme construit avec peine n'a pas de développement illimité. Il a un terme qui n'est pas seulement biologique, dû au fait que dans quelques milliards d'années le soleil ne réchauffera plus la terre. Il a un terme fixé, voulu par Dieu. C'est le retour du Seigneur, la manifestation du Royaume qui est déjà en train de se faire et qui révélera le véritable sens du monde.

Nous n'avons pas à parcourir un chemin sans fin de progressions et de régressions, mais bien d'atteindre une certaine étape. L'agir des hommes n'est pas destiné à tourner toujours sur lui-même, à s'épuiser en lui-même. Il s'inscrit, certes, dans une durée mais il a une signification plus profonde : la fin ultime. Il est impossible pour nous d'exprimer une telle réalité par des symboles que nous n'emprunterions ni à l'espace ni au temps.

Quand les symboles apocalyptiques étaient admis comme aux jours où Jésus prononçait son discours, c'était plus facile.

— Je lis le troisième message surtout au verset 30 du chapitre 24 : « Toutes les races de la terre verront le Fils de l'Homme venir sur les nuées du ciel avec puissance et grande gloire. » La fin du monde est joyeuse. Ce n'est pas une catastrophe qui pulvérise notre action. C'est, au contraire, l'accomplissement de l'espérance. Et si « l'agir » a été bien engagé nous nous réjouirons beaucoup. Nous serons comblés de joie en voyant ce Fils de l'Homme que nous aurons cherché dans l'humilité. Alors nos actions, notre « agir » atteindra la plénitude.

C'est donc un message de joie, de respiration, de soulagement. « Quand cela commencera d'arriver, redressez-vous et relevez la tête » (Lc 21,28) parce que votre temps à vous est arrivé, c'est sur cela que vous avez misé votre vie.

L'Eschatologie individuelle

Je voudrais maintenant réfléchir de plus près aux quatre paraboles qui nous interpellent davantage comme personnes, qui ont un rapport plus étroit avec l'eschatologie individuelle. A mon avis, les paraboles, celles des deux serviteurs, des dix jeunes filles, des trois gérants de talents plus un, des brebis et des chèvres, concernent toutes les catégories dont il a été question déjà dans les discours précédents de Matthieu. On peut les lire à juste titre comme une reprise et une conclusion des chapitres 5 à 7, et 10 et 18.

La parabole des deux serviteurs concerne surtout les responsables des communautés, les apôtres, les pasteurs. Elle se réfère au chapitre 18. Celle des dix jeunes filles vise au contraire les chrétiens en général. Elle se rapporte au discours sur la montagne (Mt 5-7). Quant à la parabole des talents, il faudrait la lire à la lumière du chapitre 10 : ce sont les missionnaires qui doivent gérer et faire fructifier les talents du Royaume même pour d'autres. Enfin, la parabole des brebis et des chèvres, de la division du monde, concerne tous les hommes, toute l'humanité. Nous avons donc une reprise des trois grands discours et puis une synthèse globale.

— *Matthieu 24,45-51* raconte la parabole de deux

serviteurs. L'un fidèle et prudent, prêt pour le retour du maître. Il donne la nourriture en temps voulu ; il reçoit l'administration des biens. L'autre mauvais, qui n'est pas prêt pour le retour du maître, qui se berce de l'illusion que le temps n'a pas de fin, qui utilise donc pour lui-même et ses commodités les biens qui sont destinés à la communauté : il s'enivre, frappe ses compagnons, ne respecte pas les plus petits ; il prévarique ; il est appelé « hypocrite », qualificatif donné par Jésus aux responsables, particulièrement aux scribes et aux pharisiens qui n'ont pas ouvert aux autres les portes du Royaume des cieux.

Il me semble que la charge de distribuer la nourriture en temps voulu corresponde au verset 20 du chapitre 28 de Matthieu : « Apprenez à observer tout ce que je vous ai commandé », ce qui est le devoir des pasteurs à qui s'adresse le discours du chapitre 18. Nous pouvons relire ainsi la question : comment as-tu rempli ton devoir de nourrir la communauté en l'absence du maître ? Comment as-tu veillé ? Comment t'es-tu préparé à son retour, en respectant, en valorisant les charismes des gens, en écoutant et en promouvant les laïcs, en leur donnant la nourriture mise à ta disposition par le maître ? Lui as-tu présenté une communauté ordonnée, mûrie dans la foi, plus apte à collaborer ?

— La parabole des vierges, en Matthieu 25,1-13, reprend au contraire le discours sur la montagne des chapitres 5 à 7. Elle s'applique à tous les chrétiens.

Je le souligne, l'accent est mis sur les vierges folles : « Cinq d'entre elles étaient sottes et cinq étaient sensées... Les sottes prirent leurs lampes mais sans se munir d'huile... Les sottes dirent aux sages... » L'opposition finale du Discours sur la montagne insiste sur la différence entre le sage et le sot : est sage celui qui écoute la parole et la met en pratique. Est sot celui qui n'écoute pas la parole et ne la met pas en pratique.

Il est encore intéressant de noter quelques autres références précises au chapitre 7 de Matthieu. Par exemple, quand les sottes s'écrient devant la porte close : « Seigneur, Seigneur, ouvre-nous », il me vient à l'esprit le verset 21 : « Ce n'est pas celui qui crie : Seigneur, Seigneur, qui entrera dans le Royaume des Cieux. »

Quand le maître répond aux vierges folles : « En vérité, je vous le dis, je ne vous connais pas », nous entendons aussi la parole de Jésus chapitre 7 verset 23 : « Je ne vous ai pas connus. Écartez-vous de moi, vous qui commettez l'iniquité ! »

Cette parabole est une exhortation, même une provocation : entrez par la porte étroite ! Ne faites pas comme les sots qui préfèrent la porte large et facile, et puis finissent dans la perdition (Mt 7,13).

Concrètement, l'huile signifie *faire la justice du Royaume*, accomplir les œuvres du Royaume. Dans l'esprit de Matthieu, il ne s'agit pas de la foi, de l'espérance ou de la charité mais de la vie selon les béatitudes, selon le Discours sur la montagne, sans se fatiguer. Nous sommes incités à attendre, avec un engagement toujours renouvelé et qui n'en démord pas, le Seigneur qui tarde. La fidélité aux chapitres 5 à 7 de Matthieu est symbolisée par l'huile de la lampe à cause de laquelle Jésus nous dira : je te connais, je t'ouvre la porte, je te fais entrer.

— *La parabole des talents* (Mt 25,14-19). Nous pouvons la rapprocher plus spécifiquement de la mission qui est présentée au chapitre 10.

Les talents à faire fructifier ne sont pas seulement les talents naturels, comme on le dit souvent, mais bien plus les talents du Discours sur la montagne. Talents à faire fructifier aussi pour les autres par la mission et l'évangélisation.

Les deux premiers qui ont reçu, l'un dix, l'autre cinq

talents sont des sages : ils font fructifier le trésor que sont les exhortations de Jésus ; ils rayonnent les béatitudes.

Le troisième est, au contraire, un sot, jugé non sur ses intentions mais sur ses actions. Il n'a pas mis en pratique les paroles qu'il a entendues. Il est comme la terre aride ou caillouteuse qui ne permet pas à la semence de porter du fruit. Il est comme la lampe qui n'éclaire pas.

— Le jugement des nations (Mt 25,31-46) concerne toutes les catégories précédentes et l'humanité entière. Il se résume tout entier dans ce principe : « Tout ce que vous voulez que les hommes fassent pour vous, faites-le vous-même pour eux : voilà la Loi et les Prophètes » (Mt 7,12). C'est-à-dire : que voulez-vous que les hommes fassent pour vous et que devez-vous faire pour les autres ? Des œuvres de charité, des œuvres de miséricorde. En fait, le jugement indique à titre d'exemple six actions : donner du pain à celui qui a faim ; donner à boire à celui qui a soif ; accueillir l'étranger ; vêtir celui qui est nu ; visiter les malades ; aller parler aux prisonniers.

Le jugement porte sur la pratique de la charité qui est précisément le résumé de tout le Discours sur la montagne : l'arbre bon se reconnaît à ses fruits qui sont bons (Mt 7,17-20). Et les bons fruits, c'est faire aux autres ce que nous voudrions qu'ils nous fassent.

La nouveauté — pas totale cependant — de Matthieu (25,31-46) tient au fait que les œuvres inspirées par la charité sont considérées comme faites à des frères de Jésus, donc à lui-même. Ce n'est pas là chose tout à fait nouvelle car Matthieu écrit déjà au verset 50 du chapitre 12 : « Quiconque fait la volonté de mon Père qui est dans les cieux, celui-là m'est un frère et une sœur et une mère. »

Il s'agit d'une ultime conclusion qui revêt la dignité même du Christ.

Le message du Discours sur la montagne, dans le

jugement dernier, est celui de la relation à Jésus-Christ. La charité, la miséricorde, la patience et le pardon envers le prochain sont l'expression de la relation au Père, de la relation fraternelle. On découvre en tous le visage de Jésus, fils du Père.

La révélation de la Trinité exprimée d'abord dans les chapitres 5 à 7 de Matthieu est ainsi consacrée.

En réfléchissant de plus près à la description du jugement dernier, nous nous apercevons toutefois de manière dramatique que la perdition est possible : « Ils s'en iront, ceux-ci, à une peine éternelle, et les justes à une vie éternelle » (Mt 25,46). Qui n'entre pas dans la dynamique du « faire du cœur », qui n'entre pas dans la justice du Royaume, au moins dans le sens séculier et général de Matthieu 7,12 (ce que tu veux qu'on te fasse, fais-le toi-même aux autres), n'aura pas une vraie vie, il la perdra pour toujours.

Ainsi le Discours sur la montagne, résumé par le verset 12 du chapitre 7 de Matthieu, est parole de vie ou de mort, de sens ou de non-sens de l'existence. Ce n'est pas quelque supplément qu'offre Jésus, il concerne le sens même de la vie humaine. Personne ne peut échapper à cette question du sens, question où se loge la raison même de la rédemption : le Père qui aime l'homme et envoie le Fils, le Fils qui nous appelle frères et qui fait de nous avec lui une même réalité.

Cette loi générale, séculière, est l'origine, et en même temps le point de convergence, de toute valeur de l'existence humaine.

Les paraboles précédentes expriment de même la fin tragique d'une vie mal orientée avec des conséquences désastreuses. Nous lisons par exemple à la fin de la parabole des talents : « Quand arrivera le maître au moment où il ne l'attend pas et à l'heure qu'il ignore, il dira "ce propre à rien de serviteur, jetez-le dehors, dans les ténèbres" : là seront les pleurs et les grincements de dents » (Mt 24,3). La parabole des vierges, à la fin, dit sous une forme plus personnelle : « Je ne vous connais pas » (25,12). Vous n'êtes pas des miens. Vous avez manqué votre relation avec moi qui suis Créateur et Seigneur.

La possibilité d'une mauvaise direction de son existence souligne le sérieux, la gravité et l'urgence de l'invitation de Jésus : « Entrez par la porte étroite » (Mt 7,13), « observez ce que je vous ai commandé et apprenez à le faire » (Mt 28,20) pour avoir une vie heureuse et éviter la faillite qui vous menace.

Telle est la vérité sur l'homme. Jésus nous rappelle le sérieux de l'existence. Il nous parle avec l'espérance de nous trouver prêts à accueillir la fermeté de son discours, non avec la peur mais avec la joie de nous engager pour actualiser le Royaume et les béatitudes, de manière à témoigner aux autres surtout de l'aspect positif du jugement. Le « faire du cœur », la pratique de la charité et l'action missionnaire ne sont pas des matières à option, des propositions parmi d'autres. C'est l'existence humaine révélée dans sa plénitude par le Fils de Dieu fait homme.

Quant à nous, nous adorons profondément Jésus-Christ en nous offrant à lui, en lui offrant nos résolutions, ce « faire » qui nous a peut-être été suggéré par la méditation de l'Évangile de Matthieu. Nous l'exprimerons par quelque geste symbolique qui signifiera notre volonté d'être du Seigneur, d'être reconnu par lui au dernier jour.

Conclusion : Passion et Résurrection de Jésus

Nous arrivons à la fin de nos Exercices spirituels et malheureusement nous n'avons pas médité les chapitres 26 à

28 de l'Évangile de Matthieu qui racontent la passion, la mort et la résurrection de Jésus. Ils sont pourtant indispensables pour comprendre le reste de l'Évangile.

Aussi je désire souligner deux points qui vous seront utiles pour votre réflexion personnelle et prolongée.

— Jésus par sa passion accomplit parfaitement en lui la justice du Royaume comme il l'avait dit à Jean-Baptiste qui refusait de le baptiser dans le Jourdain : « Laisse faire pour l'instant car c'est ainsi qu'il nous convient d'accomplir toute justice » (Mt 3,15).

Jésus accomplit la justice du Royaume, il vit les béatitudes jusqu'à la miséricorde et au pardon des ennemis. Par sa passion, il est la lumière sur le candélabre, il irradie les hommes de la bonté de Dieu, il révèle l'amour du Père qui ne fait pas de distinction entre les bons et les méchants. Jésus est donc présent, dans toute parole du Discours sur la montagne, qui a son authentification en plénitude dans sa passion. Même les autres enseignements de l'Évangile de Matthieu trouvent dans la passion leur accomplissement essentiel, vrai, ontologique. Voilà pourquoi elle est un moyen de relire toutes les paroles de Jésus et de les voir réalisées dans sa personne outragée et crucifiée. C'est lui le Royaume, la justice du Royaume, celui qui remporte la victoire sur le mal par le bien. Ce qu'il vit est la synthèse unique de toute l'histoire de l'humanité : les maux individuels, collectifs et universels, tombent sur Jésus et se désagrègent : lui Fils de Dieu, les détruit par sa douceur, son pardon, et l'offrande de sa vie. La croix du calvaire avec tout ce qu'elle comporte d'antécédents, est vraiment le sommet de la vie terrestre de Jésus.

— Dans notre méditation sur la résurrection, il faut considérer celle-ci comme nécessaire à la conservation et à la validation de toutes les paroles prononcées par Jésus. Pourquoi ont-elles été conservées ? Pourquoi ont-elles de la valeur ? Parce que le Crucifié est ressuscité. Les béatitudes, le pardon des ennemis, présenter l'autre joue à celui qui te frappe, la prière en cachette, devant le Père... tout cela a sens parce que Jésus est ressuscité. S'il n'était pas ressuscité, les évangiles n'auraient pas été écrits et les paroles de Jésus de Nazareth n'auraient pas créé la communauté, suscité le christianisme.

Le ressuscité, je le répète, est la prémice et le fondement de la vérité de tout ce que Jésus a dit. Toute action de justice du Royaume est donc l'annonce et la révélation du ressuscité qui continue à être parmi nous par la force de l'esprit.

Je souhaite que vous gardiez toujours présents, toujours vivants à l'esprit les trois derniers chapitres de l'Évangile de Matthieu. Ils donnent la clé de tout et ils sont la raison pour laquelle tout a été transmis à travers les siècles. Tout se trouve actualisé dans et par l'Eucharistie où Jésus a donné sa vie pour nous. Le ressuscité y est présent comme celui qui se donne et nourrit son peuple. Il le nourrit par sa passion et sa résurrection ainsi que par une nouvelle annonce de ses paroles validées par celles-ci, il le nourrit par son exemple qui éclaire notre chemin et l'histoire de l'humanité.

COMMUNION SPIRITUELLE (HOMÉLIE DU VENDREDI DE LA 32e SEMAINE DU TEMPS ORDINAIRE)

Un avertissement significatif

La page de l'Évangile de Luc (17,26-37) fait partie de la « petite apocalypse » de cet évangéliste, une sorte d'anticipation du discours apocalyptique que nous avons lu au chapitre 24 de Matthieu : « Jésus dit à ses disciples : Et comme il advint aux jours de Noé, ainsi en sera-t-il encore aux jours du Fils de l'homme. On mangeait, on buvait, on prenait femme ou mari, jusqu'au jour où Noé entra dans l'arche ; et vint le déluge qui les fit tous périr. De même, comme il advint aux jours de Lot : on mangeait, on buvait, on achetait, on vendait, on plantait, on bâtissait : mais le jour où Lot sortit de Sodome, Dieu fit pleuvoir du ciel, du feu et du soufre, et il les fit tous périr. De même en sera-t-il, le jour où le Fils de l'homme doit se révéler.

En ce jour-là, que celui qui sera sur la terrasse et aura ses affaires dans la maison, ne descende pas les prendre et, pareillement, que celui qui sera aux champs ne retourne pas en arrière. Rappelez-vous la femme de Lot. Qui cherchera à épargner sa vie la perdra, et qui la perdra la sauvegardera. Je vous le dis : en cette nuit-là, deux seront sur un même lit : l'un sera pris et l'autre laissé : deux femmes seront à moudre ensemble : l'une sera prise et l'autre laissée. Prenant alors la parole, ils lui disent : « Où, Seigneur ? » Il leur dit : « Où sera le corps, là aussi les vautours se rassembleront. »

La référence aux temps de Noé et de Lot veut souligner que les hommes et les femmes de cette terre œuvrent et agissent sans penser qu'un jour leurs actions seront interrompues et jugées.

C'est un thème auquel nous avons réfléchi dans la méditation.

Toutefois il reste toujours nécessaire que nous nous en souvenions pour apprendre un juste détachement par rapport à notre travail, à nos œuvres qui risquent de nous perturber, et pour nous rappeler les valeurs éternelles, toujours plus élevées. Nous pouvons donc le garder comme un souvenir des Exercices spirituels que nous terminons afin que notre « agir » soit « l'agir du royaume et du cœur ».

Marcher ensemble dans la vérité

Un second souvenir de ces journées m'est inspiré par la première lecture liturgique, celle de la seconde lettre de saint Jean (2 Jn 1,1-6) :

« Moi, l'ancien, à la Dame élue et à ses enfants, que j'aime en vérité — non pas moi seulement mais tous ceux qui ont connu la vérité — en raison de la vérité qui demeure en nous et restera avec nous éternellement. Avec nous seront grâce, miséricorde, paix, de la part de Dieu le Père et de la part de Jésus-Christ, le Fils du Père, en vérité et amour. Je me suis beaucoup réjoui d'avoir rencontré de tes enfants qui vivent dans la vérité, selon le commandement que nous avons reçu du père. Et maintenant, Dame, bien que ce ne soit pas un commandement nouveau que je t'écris mais celui que nous possédons depuis le début, je te le demande, aimons-nous les uns les autres. L'amour consiste à vivre selon ses commandements. Et le premier commandement, ainsi que vous l'avez appris dès le début, c'est que vous viviez dans l'amour. »

C'est une grande joie pour nous d'avoir pu explorer ensemble le chemin de notre vie à la lumière de l'Évangile. C'est une grâce, un signe que le royaume de Dieu est parmi nous, que la force du Seigneur travaille toujours dans l'Église, la société et le monde. C'est un souvenir qu'il nous faut garder dans le cœur pour les jours qui viennent.

Il y a un troisième souvenir qui nous est suggéré par la mémoire de saint Martin, évêque, et son exceptionnelle destinée. En son temps, il y eut en effet des Évêques peut-être plus grands que lui : Ambroise, Basile, Jean

Chrysostome... et pourtant Martin, plus qu'eux, a été honoré par toute l'Europe ancienne et médiévale parce que les gens ont vu en lui un peu toutes les vocations chrétiennes : le soldat, le converti, le catéchumène, le simple fidèle, le moine, l'évêque. Il a cultivé en particulier la proximité avec les humbles, l'extrême simplicité, la profondeur de ses paroles. C'était un « petit » du Royaume et un homme constamment préoccupé de ses frères.

Il est probable que la fête de saint Martin tombant le 11 novembre, c'est-à-dire à la fin des vendanges et au début des migrations des paysans, il est probable que cela ait rendu l'évêque plus populaire.

Je signale un de ses traits qui m'est très cher : être à la fois moine et évêque. Dans un premier temps, il a été ermite, moine, fondateur de monastères. Dans un second temps, il a fait l'expérience du ministère épiscopal, sans jamais abandonner le style monastique. Il est devenu par conséquent le centre d'une communauté de personnes vouées au Royaume qui, en communion de vie et de fraternité, travaillaient avec lui. Ce modèle de communauté monastique, animatrice d'une église locale, a été le modèle dominant du Moyen Age, le modèle qui a évangélisé l'Europe, l'exemple des grands monastères, promoteurs de la pastorale et du rayonnement de l'Évangile. La société moderne a beaucoup changé mais nous nous demandons ce qu'il est possible de retenir pour nous de ce modèle.

Indubitablement, il est nécessaire d'en retenir le sens d'une profonde *communion spirituelle*, par conséquent d'une communauté à créer et à maintenir entre évêque et prêtres.

Je ne parle pas d'une communauté habitant en un lieu précis, mais d'une large communauté d'esprit et de cœur. Elle devrait témoigner de la vigueur du Royaume, réalisé par un réseau de relations véritables.

Je sais bien que ce n'est pas facile dans un diocèse vaste

comme le nôtre. Il s'agit là pourtant d'un défi, immense et permanent. Le Seigneur nous aidera à toujours inventer de nouveaux moyens pour vivre cette communion spirituelle malgré notre dispersion apostolique.

Voici alors le souvenir que je vous laisse : l'intense communion que nous avons vécue autour de la parole de Dieu en la méditant ensemble, demande à devenir le symbole, le signe, le moyen efficace d'une communion du presbytérium, capable de puiser dans les profondeurs de l'homme où seul l'Esprit puise.

L'Esprit scrute les profondeurs de Dieu et aussi celles de l'homme, au-delà des gestes et des manifestations extérieures (1 Co 2,10-11) : « Car c'est à nous que Dieu l'a révélé par l'Esprit ; l'Esprit en effet sonde tout, jusqu'aux profondeurs de Dieu. Qui donc entre les hommes sait ce qui concerne l'homme, sinon l'esprit de l'homme qui est en lui ? De même, nul ne connaît ce qui concerne Dieu, sinon l'Esprit de Dieu. »

Si tout le presbytérium se nourrit et jouit de la Parole, s'il ne se laisse pas effrayer, s'il reste intrépide face à la Parole, c'est-à-dire au Christ vivant, mort et ressuscité, qui nous parle aujourd'hui, alors nous réussirons à réaliser une communauté monastique et pastorale efficace.

Nous réussirons probablement à faire une communauté adaptée à notre temps : libre, mobile, en mesure de répondre aux situations concrètes en maintenant l'unité envers et contre tout.

Seigneur Jésus, donne-nous l'unité de la Parole, l'unité de l'écoute et de la contemplation, toi qui nous as fait faire l'expérience de cette unité durant ces Exercices spirituels.

Fais que nous comprenions comment de la communion dans cette Parole découle la réalisation du commandement nouveau dont l'évangéliste Jean parle dans sa seconde lettre et aussi Matthieu dans le discours sur la montagne : aimez-vous les uns les autres ! Aimez-vous en vivant selon les commandements du Seigneur.

Nous te le demandons pour nous et pour nos communautés avec la certitude que la grâce de communion et d'amour est la source du fleuve de charité pratique du Royaume.

Ainsi, quand nous serons devant le Juge Éternel, nous entendrons avec joie retentir ta voix : je vous connais ! Tout ce que vous avez fait c'est à moi que vous l'avez fait.

Table

Achevé d'imprimer le 10 novembre 1995
dans les ateliers de Normandie Rotc Impression s.a.
61250 Lonrai
pour le compte des Éditions Desclée de Brouwer
N° d'imprimeur : I5-1981

Dépôt légal : novembre 1995

Imprimé en France